날고 싶은
인간의 욕망,
발레

이화
지식
총서 02

날고 싶은 인간의 욕망, **발레**

조기숙 지음

이화여자대학교출판문화원

| 책을 펴내며 |

이 책은 발레에 대한 자기 성찰적 연구서이다. 나는 내 스스로를 '생각하는' 무용가, '춤추는' 연구자라 규정했기에 발레의 철학적 가치를 파고들어 그 의미를 밝혀내고, 발레가 어떻게 이루어지는지를 다른 이들이 이해할 수 있도록 적절한 표현을 찾아내어 설명하고자 이 책을 쓰게 되었다. 나의 경우에 억지로 몸을 혹사하며 고통스럽게 훈련하는 동작은 오히려 예술에 장애가 되었다. 포르 드 브라(팔 동작), 아라베스크 등 모든 발레 동작의 핵심은 몸통에 있고, 몸(soma)에 대한 이해가 기본이 되어야 한다. 기량은 밖에서부터 훈련에 의해 습득되는 것이 아니라 무용가가 몸을 쓰는 방식을 알고 즐거워하며 학습할 때 주체적으로 터득된다. 발레 기량의 근간이 되는 것은 간단하면서도 심오한 철학적인 개념과 물리적인 원칙에 기반한 몸의 사용에 있다. 이것들은 몸적, 감성적, 지성적인 진정한 무용의 원리 속에서 특별한 균형을 이루어내고 어려운 동작을 실행할 수 있도록 무용가를 인도한다. 연습실에서의 수련은 결국 진화된 자신의 삶을 향하고 있고, 발레는 바로 사랑이라는 것을 느낄 수 있었다. 그리고 연습(실)과 연구(실)의 통섭적인 관계, 예술가로서의 작품 활동과 연구자로서의 탐구는 인생 전반에 적용할 수 있는 삶의 지혜와 지성, 감성을 겸비한 균형 잡힌 예술가의 길로 이끌었다.

발레를 통해 배운 인간에 대한 배려와 세상을 향한 사랑 덕분에 언제나 제자 무용가의 생각이나 발전을 존중하려 하지만 혹시 나도 모르게 제자들의 마음을 모를 때가 있을까봐 늘 조심한다. 또한 개념을 꼼꼼하게 설명함으로써 제자들 스스로 새로운 아이디어를 정교하게 다듬을 수 있게 인도하려 한다. 이는 유학 덕분에 가능했다. 영국 유학 시절에 내가 발레에 대해 본질적인 핵심 개념을 놓치고 있다는 것을 알게 되었다. 나의 유학 시절은 발레가 무엇인지, 무엇이 될 수 있고 어떤 것은 아닌지에 대해 내가 가지고 있던 사고 체계를 다음과 같이 완전히 뒤바꾸어놓았다.

첫째, 발레의 거의 모든 동작이 우주의 움직임의 원리와 같이 몸의 중심축을 가운데 두고 양쪽의 상호 작용을 통해 이루어진다는 것이다. 그리고 이 중심축은 동작을 하는 내내 견고히 몸의 중심을 잡아주는 역할을 한다. 이것은 바 워크와 센터 워크 그리고 기존의 작품을 지도하는 데 큰 영향을 주었다. 또한 나의 안무 스타일과 발레에 접근하는 방식을 변화시켰다.

둘째, 더 본질적인 것은 몸에서 만들어내는 모든 동작의 핵심은 몸통에 있다는 점이다. 즉, 몸에 공간을 확보하는 것이고 그래서 끌어올림(pull-up)이 필요한 것이다. 한국이고 유럽이고 그 어떤 발레 연구자도 이러한 점을 설명해낸 적이 없었다. 몸에서 수직과 균형 그리고 전면성이 드러나는 것이다. 다리는 몸의 수직을 위해 역할을 하고 팔은 몸이 균형을 잡는 데 기여한다. 나의 대부분의 발레 수업 내용은 학생들이 바로 이 점을 알아차릴 수 있도록 명료하게 구성되었다. 개인적으로 이것은 팔다리가 아닌, 몸 안에 깊이 내재된 동작들의 근거를 알 수 있도록 하는 데 주안점을 둔다. 나는 이러한 발레의 핵심을 흥미롭게도 몸학을 통해 터득하게 되었던 것이다.

나는 이제 이 책을 통해 나의 진실된 체험과 부족한 깨달음을 제자들 그리고 관객과 함께 나누고자 한다. 45년 이상의 무용 인생을 돌이켜보니 내가 했던 예술적 방황은 한국 내에서 발레에 대한 제한된 이해에 기인했다는 것을 알게 되었다. 결국 영국에서 발레뿐 아니라 몸학에 대한 공부를 통해 우주라는 아주 큰 맥락에서 발레를 깊이 이해하게 되었다. 사실 이러한 터득에 이르는 데 수십 년간의 방황과 다양한 무용 학습이 선행되었다. 어떠한 원리를 생각하면 그것을 움직이며 터득하는 데 수년의 시간을 보내야 했다. 이 과정에서 발레를 계속 연마할 수 있는 방법은 몸이 깨어 있고 즐거워야 가능하다는 것을 알게 되었고, 그렇게 했기에 계속 즐겁게 체험을 축적할 수 있었다. 그러한 터득은 어찌 보면 모든 춤에 보편적인 것이라고 할 수 있다. 궁극적으로 나의 발레에 대한 이해는 나의 삶을 성장시켰고, 인간에 대한 깊이 있는 이해를 촉진했다.

바라건대 이 책을 통해 발레 전공자들이 현장에서 실기를 하면서 미처 인지하지 못했던 의미에 대해 발견의 기쁨을 공유하게 되기를 소망한다. 또한 이 책이 관객들에게는 공연 현장에서 보이지 않는 발레의 이면을 파악할 수 있는 유용한 길잡이가 되기를 바란다. 그래서 발레 예술가와 관객이 발레로 소통하고 함께 성장하며 사랑하는 삶을 누리기를 소망한다. 이 땅에 발레가 필요한 이유는 우리 모두 손에 손잡고 '지금 여기'에서 좀 더 아름다운 삶을 살고 또한 저 푸른 하늘로 가볍게 날아가기 위해서일 것이다.

2017년 3월

조기숙

| 차례 |

프롤로그

왜 발레인가

나는 열 살 때 발레를 시작해 지금까지 평생 발레를 하며 살면서도 그것을 그저 좋아하기만 한 것이 아니고 길고 복잡한 애증의 세월을 거쳤다. 발레를 하게 된 것은 내 인생의 기회이기도 했지만 역으로 다른 기회에 대한 차단이기도 했다. 중 · 고등학교 시절에 발레에 몰두하면서 다른 공부를 깊게 하지 못했다. 발레는 나에게 꿈이기도 했지만 동시에 억압이기도 했다. 자유를 구속한다고 생각하면서도 발레를 지속한 이유가 무엇인지 나 자신도 몰랐다. 예술이 '자유'이고 '창조'라고들 하는데, 도대체 발레를 통해 자유라는 것을 느낄 수가 없었고 창조의 세계를 접하기도 힘들었다.

결코 순탄하지 않은 나의 발레 인생은 대학생이 되어 내 몸이 발레를 하기에는 '불량품'이라는 사실을 알고부터 시작되었다. 게다가 젊은 시절 알고 있던 발레에 관한 제한된 이해는 이러한 나의 몸에 대한 열등감에 답을 주지 못했다. 대학 졸업 후 10년 이상 해온 발레 레슨 선생으로서의 삶을 정리하고, 늦은 나이에 발레의 종주국이라고 할 수 있는 영국으로 유학의 길을 떠났다. 난 최소한 내가 모른다는 사실을 알았다. 그래서 알고 싶었고 진정으로 공부하고 싶었다. 그러나 유학을 갔다고 해서 답이 쉽게 보일 리는 없는 것, 춤과 몸에 대한 방황은 지속될 수밖에 없었다. 그래서 대학에서 배우는 무용이론과 안무법뿐만이 아니라 대학 밖에서 몸학(somatics)과 몸학 계열의 펠든크라이스(Feldenkrais), 알렉산더 테크닉(Alexander technique), 접촉즉흥 등 새로운 메소드(method)를 찾아다녔다. 이분법적인 시각에서 몸을 저급하게 취급하리라고 예상한 서양에서 오히려 몸에 대한 편견을 깨고 몸을 알려는 노력과 탐구가 여러 곳에서 다양한 방식으로 진행되고 있었다. 그곳에서 몸(soma)을 공부하면서 내 삶과 예술의 '주체'로서 몸을 인식하게 되었고, 그래서 몸에 대한 열등감도 극복하게 되었다. 내 몸이 아주 작지만 개성이 있다는 것도 알게 되었다. 몸의 열등감이 극복되자 '발레'라는 것이 온전히 보이기 시작했다.

하지만 왜 굳이 '내'가 발레를 해야만 하는 것인가에 대한 답은 쉽게 풀리지 않았다. 서양 발레의 귀족적 규율성과 나의 서민적 자유로움 간의 거리감을 좁히는 것이 잘 되지 않았다. 그런데도 이상하게 오랜 기간의 방황과 고민 속에서도 발레를 떠난 적이 없었다. 결국 쉰이 넘어서야 발레가 갖고 있는 인류 보편적 가치를 알게 되었다. 드디어 '내가 왜 숙명적으로 발레를 할 수밖에 없었는지'에 대한 답을 찾게 된 것이다.

몸학은 내게 내 몸을 알고 발레를 잘 이해하게 하는 원리를 제공했다. 발레는 분명 발레만의 문제가 아니라 다른 여러 가지 삶의 문제와 연결되어 있기에 발레를 통해 삶의 통찰력을 얻게 된다. 발레를 하면서 스스로 터득한 것은 인생의 도(道)와 우주의 섭리가 발레에 녹아 있다는 것이다. 발레의 이치에는 인간(관객)에 대한 진정한 배려와 자신을 어느 정도 내려놓아야만 하는 자기 초월적 자세가 내재되어 있다. 또한 성장에 대한 열정과 의지도 담겨 있다. 발레는 분명 인간이 어떻게 살아야 하는지 그 방식을 몸의 움직임으로 제시하고 있다.

나는 발레를 하는 것은 끝없는 자기 수련과 자기 성찰로 이어지는 긴 여정이라고 생각한다. 그리고 발레를 가르치는 것은 이 여정 속에서 감성, 지성, 영성을 통합한 인간의 성장을 꾀하는 일이다. 무용가들의 성장을 위한다는 명분으로 교사의 생각이나 동작을 명령하거나 강요하는 것으로는 진정한 스승이 될 수 없을 것이다. 스승은 자신의 방식뿐만이 아니라 다양한 체험 자료를 소개해 제자들이 스스로 자신의 생각을 갖고 주체적으로 무용을 할 수 있게 환경을 마련해주어야 한다. 제자 무용가가 동작의 원리를 이해하고, 그것을 연습해서 터득할 때까지 지켜봐주면서 격려해야 한다. 가능한 한 보고, 듣고, 움직이고, 느끼고, 말하고 토론할 수 있도록 자유로운 분위기를 만들어야 한다. 이것이 상상력과 창의력의 증진을 위한 기본 전제임은 아무리 강조해도 지나치지 않다. 무용예술을 하는 학생들은 자신의 춤추는 체험과 그 느낌과 감정에 대해 자유롭게 자기 발언을 해야 한다. 이제까지 한국에서 다수의 무용가는 자신의 공연을 준비하는 과정에서 주체가 되지 못했다. 자신의 무용에 대해 스스로 말하는 입이 없었고 오로지 평론가나 학자의 입을 통해서만 그 예술이 규명되어 왔다. 이러한 상황에서 영국에서 공부한 실기기반연구(practice based research)는 무용을 하는 사람이 자신의 무용에 주인이 되어 발언도 하고 연구도 하게 하는 길을 제시해주었다. 이제는 무용가가 직접 자신의 춤과 춤 체험에 대해 자기 발언을 해야 할 때가 된 것이다.

나는 학생들과 감성적, 지성적, 영적인 공감을 나누기 위해 노력하고 실제로 어떻게 해야 그런 것이 가능한지 늘 고민한다. 단순한 실기 수업에서도 신체적인 원칙과 더불어 몸, 마음, 영혼의 통섭적인 설명을 통해 발레 원리를 설명하고자 노력한다. 이러한 방법은 억압적인 환경에서 발생한 수동적인 '육체'에서 '몸(soma)'으로 거듭나 주인이 되게 하는 데 도움이 된다. 나는 내 학생들이 동작을 따라 하도록 주문하기보다는 동작의 원리를 파악하게 하는 데 주안점을 둔다. 그리고 그들이 자유롭게 자신의 몸에서 나오는 동작을 실행하고, 그 느낌과 감정을 표현하게 하며, 그것을 개념화시킬 수 있도록 이끌어준다. 예를 들면 끌어올림(pull-up)이나 외향(turn-out) 등 발레의 핵심 원리를 간단명료하게 운동의 물리학적 원리로 설명한다. 동시에 몸의 자연 상태와 움직임의 원리가 우주의 생명 운동과 본질적으로 같다는 것을 설명하는데 이는 인문학적인 접근이다. 내 수업에서 이러한 물리학적이고 철학적인 설명을 들은 후 학생들은 발레를 더욱 심층적으로 이해하게 된다. 이로 인해 고정된 시각으로 발레 동작을 훈련만 받아온 학생들에게는 호응을 못 얻는 경우도 있지만 반대로 내 수업을 통해 발레의 핵심 원리와 의미를 제대로 이해하게 되었다는 학생들도 나타나게 된다. 후자의 학생들에게는 집중하는 눈빛, 똑똑한 몸, 건강한 영혼, 행복한 동작에 의한 새로운 자신감과 생명력이 생기는 것을 목격한다.

내가 규명한 발레의 인류 보편성은 발레가 '인간의 날고 싶은 욕망'을 가장 잘 표현하는 예술이라는 점이다. 발레는 우선 날고 싶어 하는 인간의 욕망에서 시작되었다. 여기서 '난다'는 것은 성장과 초월의 메타포이다. 인간은 그저 육신 덩어리로 죽어가고 싶지 않고 지속적으로 성장하고 초월하고 싶어 한다. 발레는 성장과 초월을 위한 하나의 길이자 지속적인 과정이라고 할 수 있다. 발레는 인간 성장의 모든 잠재 가능성이 발현될 때까지 아름답게 성장해 가는 과정이다. 즉, 발레는 진화이자 초월이다.

발레의 성장은 모든 다른 성장과 똑같은 방식으로 진행된다. 발레는 에고(ego)에 충실해야 하지만 결국은 에고를 넘어서야 한다. 일반적인 경우 발레는 처음에는 따라 하기 수준에서 시작되고, 자신의 몸을 발레를 하는 데 가장 적당한 형태로 훈련받는 것에서 출발한다. 이 단계에서는 어떤 변형이나 창조보다 기존의 원리를 이해하고 기량을 익히는 데 전력을 다하게 된다. 그렇게 아주 오랜 시간의 수련을 거쳐 발레 무용가는 발레에 몰입하게 되고 창작할 수 있는 수준에 도달하게 된다.

그렇다면 발레는 운동의 차원과 어떻게 다른가. 일반적 의미에서의 운동은 이미 알고 있는 동작을 기록 갱신을 위해 반복한다는 점에서 예술과 본질적으로 다르다. 만약에 무용가가 매일 같은 동작을 연습해서 바른 동작의 습득만을 목표로 한다면 그것은 운동이지 예술이라고 할 수 없다. 예술은 단지 아는 것을 반복 실행하는 것이 아니라 또 다른 선택이나 대안을 모색하는 창조의 과정인 것이다. 무용예술은 살아 있는 생명체이기에 늘 새로운 체험이다. 그러한 체험을 위해서는 자신의 몸이 춤의 주인이 되어야 한다. 이 책은 발레예술에서 무용인이 예술의 주인이 되는 길을 제시하고자 쓴 자기 성찰적 연구서이다.

제1장

발레에 대한 이해

1. 서양에서 시작된 발레

발레는 세계적으로 인정받는 공연예술의 한 형태이다. 'ballet'라는 용어는 춤추다는 뜻인 라틴어 'ballare,' 그리스어의 'ballizo'와 이탈리아어 'balletto'에서 유래하며 프랑스에서 사용되었다. 그러다 1630년경에 영어로도 ballet라는 용어가 통용되었다.[1] 발레의 근원은 15~16세기 르네상스 이탈리아의 궁정에서 시작되었다. 17세기 프랑스 국왕 루이 14세(Louis XIV, 1638–1715)에 의해 절대군주의 권력을 명예롭고 신성시하기 위해 발레는 본격적으로 구축되었다. 이렇게 발레는 프랑스에서 본격화되어 다듬어지고 완성되면서 발레 용어는 프랑스어로 정리되었고, 오늘날까지도 프랑스어로 쓰이고 있다.

지금 우리가 알고 있는 발레는 루이 14세가 구축한 발레이다. 태양왕(Le Roi Soleil)이라 불린 루이 14세는 그 자신이 유년 시절부터 아주 열정적인 무용가였다. 그는 직접 발레를 하는 것을 즐겨서 40개의 작품에서 80개의 역할로 출연했다. 대표작으로는 1653년에 〈밤의 발레(Le Ballet de la Nuit)〉라는 작품에 태양왕으로 출연해 왕의 권위를 맘껏 드러내고 살아 있는 화신이 되었다. 그가 발레에 직접 출연한 것은 귀족들

1 https://en.wikipedia.org/wiki/Ballet [접속일: 2016/9/20]

앞에서 절대군주의 권력을 과시하는 일종의 정치적 행위라고 할 수 있다. 즉, 군주제 아래의 궁정 발레(ballet de cour)에서 국왕 자신의 출연은 바로 정치적인 권력이 되었고, 이로 인해 군주제의 권력을 과시하고 절대왕정을 더욱 강고히 할 수 있었다. 발레가 순수 예술의 꽃이라고 인식되는 오늘날의 이해와는 달리 발레는 궁정에서 정치적 목적을 지닌 왕의 상징적 행위로 실행되었던 것이다.

루이는 1661년에 발레-오페라를 위한 예술가들을 양성하기 위해 왕립무용아카데미를 설립했다. 루이는 새롭게 부상한 전문가들이 자신 대신 궁정 발레의 공연자로서 나서게 하고, 자신은 1670년부터 발레 작품에 출연하는 것을 중단한다. 왕립무용아카데미의 교장으로 임명된 피에르 보샹(Pierre Beauchamp, 1631-1705)은 발레에서 필수적인 다리의 다섯 가지 자세와 더불어 발레의 기초를 확립했고, 발레의 기술을 성문화하는 데 지대한 역할을 한다. 이 시점에서부터 발레 무용가의 전문화가 본격화되었다. 최초의 발레리나들은 1681년에 무대에 섰다. 여성 무용가들은 갈수록 중요해졌고, 19세기 낭만주의 시대에는 남성 무용가들을 제압하기에 이르렀다. 하지만 지도, 훈련, 안무와 연출 등 권력이 있는 자리는 여전히 남성의 몫이었다.

루이가 설립한 왕립무용아카데미는 1713년에 파리오페라극장의 전문학교로 바뀌었다. 이 학교는 왕실의 후원 하에 오페라 극장, 공연장, 발레단을 운영했고, 단기간에 유럽 전역에서 칭송을 받았던 훌륭한 무용가들을 배출했다. 이의 영향으로 이탈리아, 영국, 오스트리아, 스칸디나비아, 러시아에 왕립발레학교가 설립되었다.

이렇게 발레의 원칙을 강조하며 무용가들에게 기량과 기술을 강조하면서 훈련을 시키다 보니 발레 무용가들은, 마치 기량의 노예가 된 것처럼,

인간적인 표현을 잃게 되었다. 이에 대해 장 조르주 노베르(Jean-Georges Noverre, 1727-1810)는 1760년에 『무용과 발레에 관한 편지(*Lettres sur la danse et sur les ballets*)』에서 정식으로 문제 제기를 하게 된다. 그는 발레가 너무 기량에 빠져서 표현이나 연기가 부족하다는 점을 심각하게 지적하며, 발레 작품에서 극적 전개의 중요성과 표현을 강조했다. 낭만 발레(romantic ballet)는 낭만주의 시대 말기인 18세기에 서유럽에서 등장하는데, 당시의 시대적인 상황과 노베르와 같이 궁정 발레에 문제 제기를 하는 입장 등이 만나면서 꽃피우게 된다. 낭만 발레는 주로 신화나 설화의 이야기 등을 내용으로 했고, 그 내용의 전달을 위해 무용가는 맡은 역할을 잘 연기하는 것을 중요하게 생각했다. 낭만 발레에서는 무대에 있는 개별 무용가의 신체의 외관이 아주 중요한 것으로 간주되었다. 반면에 특정한 동작의 의미는 일반화된 아름다움과 우아함으로 대치되었다. 낭만 발레의 대표작으로는 〈라 실피드(La Sylphide)〉(1832), 〈지젤(Giselle)〉(1841), 〈파 드 카트르(Pas de Quatre)〉(1845) 등이 있다. 현대에 사용하고 있는 발레의 용어는 18세기 전반 프랑스에서 구축되고 19세기에 체계화된 것이다. 아쉽게도 서유럽의 낭만 발레는 프랑스혁명으로 사회가 불안해지고 발레에 대한 지원이 약화되자 활동이 침체되고 발레의 주축이 러시아로 이동하게 된다.

발레의 후발 주자인 러시아에서는 고전 발레(classic ballet)가 구축되어 꽃을 피우게 된다. 고전 발레의 구축에 핵심적인 기여를 한 사람은 마리우스 프티파(Marius Petipa, 1818-1910)이다. 그는 마르세유 태생으로 프랑스에서 활동하다 1847년에 러시아 황실발레단의 주역으로 가서 그때부터 평생 동안 마린스키극장에서 안무가와 마스터로 활동했다. 고전 발레의 3대 명작인 〈백조의 호수〉(1877, 1895), 〈잠자는 숲속의 미녀〉(1890),

〈호두까기 인형〉(1892)은 모두 프티파가 안무를 하거나 대본을 쓰는 등 이 작품들이 완성되고 공연되는 데 핵심 역할을 했다. 세 작품 모두 작곡은 차이코프스키가 맡았다. 고전 발레의 주요 내용은 왕실의 이야기나 신화의 내용을 다루었다는 점에서는 낭만 발레와 비슷하다. 하지만 발레 동작을 중시하고 발레 형식을 탐색해 파 드 듀(pas de deux)와 그랑 파 드 듀(grand pas de deux)라는 발레 2인무를 확실하게 구축했다. 오늘날 파 드 듀는 클래식 발레를 상징하는 대표적인 형식이 되었다.

영원할 것만 같았던 러시아의 발레 역시 혁명으로 황실발레아카데미에 대한 지원이 약화되면서 침체기에 이르게 된다. 조지 발란신(George Balanchine, 1904-1983)은 러시아 임페리얼발레단 출신인데, 1924년에 세르게이 디아길레프(Sergei Diaghilev, 1872-1929)의 발레 뤼스(Ballets Russes)에 안무자로 초대받아 1924년부터 1929년까지 9편의 발레 작품을 안무하는 등 활발하게 활동했다. 1929년 디아길레프가 세상을 떠나면서 발레 뤼스도 부도를 맞아 문을 닫게 된다. 그는 1933년에 학자이자 문화 기획자인 링컨 커스타인(Lincoln Kirstein, 1907 - 1996)의 초대를 받아 뉴욕으로 이주하게 된다. 그는 뉴욕에서 커스타인과 함께 미국 뉴욕 시티발레단을 창단해 미국의 모던 발레(modern ballet)를 구축하는 데 주축이 되었고, 미국 발레의 아버지라는 찬사를 듣는다. 발란신의 작품은 고전 발레의 기량에 기초하고 있지만 고전 발레의 스토리나 표현 등은 다 제거해 버린다. 즉, 작품의 모든 요소를 거둬내고 오로지 몸과 기량만으로 발레 작품을 한 것이다. 그의 발레 작업이 기량을 중시한다는 점에서 그의 작품은 신고전주의라고 규정되고, 그는 신고전주의 발레의 창시자로 자리매김되었다.

이렇게 발레는 서유럽에서 생겨나 발전하기 시작했으나, 프랑스혁명으

사진 1. 조기숙 뉴발레단 〈백조의 호수-사랑에 통하다〉.
발레는 인간의 날고 싶은 욕망을 표현하는 예술이다.

로 발레에 대한 지원이 약화되자 그 핵심 축이 러시아로 이동해 러시아에서 고전 발레의 꽃을 피웠다. 그러나 러시아 역시 혁명으로 왕가와 귀족을 위한 황실 발레에 대한 지원이 약화되면서 발란신 등의 안무가가 미국으로 건너가 미국이 모던 발레의 중심이 되었다.

오늘날에는 한국과 중국 등 아시아의 여러 나라에서도 발레가 활발하게 공연되고 있고, 다수의 발레 전공인과 많은 애호가가 있다. 또한 남아메리카나 아프리카의 웬만한 도시에 가도 발레학원이 있고 발레를 즐기는 사람이 있는 것을 확인할 수 있다. 이는 발레가 갖고 있는 인류 보편성 때문이라고 할 수 있다. 〈사진 1〉에서와 같이 발레는 날고 싶은 인간의 욕망을 가장 잘 표현한 예술이다. 여기서 '난다'는 것은 성장과 초월의 메타포이다. 인간은 육신으로 와서 살다가 다시 흙으로 돌아가는 존재로만 끝나는 것이 아니라 삶과 육신까지 초월하는 영적인 성장을 지향하는 존재라는 것을 발레는 말해주고 있다.

발레는 가장 대표적인 극장 무용의 형태이다. 발레의 기량과 스텝의 숙달은 고전적인 미의 개념에 바탕을 둔 이상화된 신체를 달성하기 위해 구성되었다. 그 자세와 스텝은 늘 발레 학생들이 수련해야 될 핵심 내용이다. 비록 엔리코 체케티(Enrico Cecchetti, 1850-1928)나 RAD(Royal Academy of Dancing) 또는 아그리피나 바가노바(Agrippina Y. Vaganova, 1879-1951) 등 교습 방식이 다르더라도 발레의 핵심적인 원리는 동일하다. 이 핵심 원리를 이해하고 발레 감상에 임해야 한다. 오늘날 유럽에서의 컨템포러리 발레(contemporary ballet)는 더 이상 발레라고 하기 힘들 정도로 발레에서 많이 멀어져 있다. 하지만 클래식 발레의 원리를 이해하고 그것을 변화 발전시킨 것이기에 발레를 모르고 감상할 수 있는 것은 아니다. 발레 무용가는 늘 자신의 몸의 주인이 되어 끊임없이 자기 수련을 하고 다양한 고전 레퍼토리(repertory)를 엄청나게 연습해야 한다. 수없이 많은 수련을 쌓고 몸으로 그 원리를 터득했을 때 몸의 자유를 얻을 수 있게 된다.

발레는 전통적인 기초를 기반으로 아름답게 통제된 기술적인 정확함과 감성을 표현한다. 전문 무용가들과 발레 학생 대다수는 삶의 많은 시간을 연습실에서 동작을 연습하며 보낸다. 이는 다른 공부를 할 수 있는 기회를 차단하고 무용가를 세상을 모르는 바보로 만들 수도 있지만 한 우물을 깊이 파서 세상의 원리를 터득하게 하기도 한다. 발레 무용가가 발레를 하는 것은 자신의 방식으로 공부를 하는 것이다. 단 이 연습이 스스로 주인이 되어 행복하게 하는 공부인지, 아니면 할 수 없어서 억지로 하는 것인지에 따라 성장과 성공의 여부가 달려 있다.

발레 무용가의 신체적인 이미지와 동작은 주로 다음과 같이 실행된다. 척추를 바르고 길게 잘 세워야 하고, 어깨와 골반은 수평으로 대칭을 이루어야 하며, 배를 안으로 밀어 넣고 횡격막은 위로 올리고, 어깨는 자연스럽게 내리며, 시선은 정면의 10도 위 정도를 본다. 골반은 외향하고 같은 방향으로 무릎과 발도 벌린다. 무용가들은 발레의 핵심인 신체의 균형을 잡기 위해 한 팔로 바(barre)를 잡고 동작을 시작한다. 교사가 말하는 기본자세를 행하기 위해 먼저 한 손으로 바를 잡고 한쪽에서 시작한 다음 방향을 바꿔 반대쪽을 연습한다. 왼손으로 바를 잡고 오른쪽을 실행하고 이것이 끝나면 동일한 동작을 반대편으로 실행한다. 자세는 '끌어올림(pull-up)'을 하고 항상 '외향(turn-out)'을 유지해야 한다. 팔은 원형으로 변형해 움직인다. 몸통은 소아스(psoas) 또는 파워 트렁크(power trunk)라 불리는 단전(丹田) 부분을 힘 있게 잡아주고 몸통, 다리 그리고 머리를 연결하는 중심선을 똑바로 세운다. 신체의 각 부분은 추상적인 형태를 표현하기 위해 다양하게 개발되어야 한다. 골반과 머리를 특정한 위치에 두고 팔다리로 공간에 선을 그리며 움직인다. 형태의 명확성과 신체의 민첩성에 근거한 부드러움과 아름다움은 발레 무용가의 내공을 측정하는 척도가 된다.

발레 실기와 연구에서는 신체를 위로 늘이는 수직축은 의미심장한 가치가 있다. 이 수직 상승이 바로 초월을 상징하고 있기 때문이다. 발레에서 수직 상태는 여성 무용가에게서는 푸앙트 워크(pointe work)[2]를 통해 드러나고 남성 무용가에게는 공중에서의 동작에서 집중적으로 표출된다. 발레에서 신체 확장과 다리의 외향의 핵심은 구체적으로 바닥으로부터 위로 오르고 시각적으로도 위로 향하는 데 있다. 주요 동작의 역동성은 수직성과 결합된 안정성과 동시에 신체 중심 감각에 도움을 주는 민첩성과도 연결된다. 골반은 양쪽 대칭으로 편한 상태여야 하고, 상체 · 몸통 · 머리의 움직임은 팔과 다리의 움직임을 동반한다. 발레에서 거의 모든 동작은 확장되고 바깥쪽으로 향한다. 그렇게 하기 위해 모든 움직임은 경쾌하고 우아하면서도 부드럽게 수행되어야 한다.

발레의 모든 원리는 무용가 스스로가 실습해서 터득해야 한다. 교사들은 그 원리만 설명해줄 뿐 그 누구도 연습을 대신해주지 못한다. 교사들은 발레리나가 스스로 몸을 알고 성장할 수 있도록 길을 안내하고, 발레리나들에게 원리를 설명해줌으로써 스스로 효과적으로 움직임을 탐구해 볼 수 있게 환경을 제공해야 한다. 그 과정에서 동작의 차이를 인지하고 새로운 움직임을 창조할 수 있도록 기회를 마련해주어야 한다.

무용예술은 하나의 생명체와 같아서 시간이 흐름에 따라 그 형식이 변

---

2 발레 푸앙트 슈즈를 신고 연습하거나 춤을 추는 것을 말한다.

화하고, 장소에 따라서 차이가 형성된다. 그래서 같은 유럽의 발레라 할지라도 과거와 오늘날의 발레가 다르고, 동시대라 할지라도 영국, 소련, 미국의 발레와 한국이나 중국의 발레 스타일이 다르다. 무용가의 신체 역시도 이상적이지만 변화되기 마련이다. 여러 무용 형식 중의 한 가지인 발레는 동작을 통해 발레의 가치를 보여주지만 프랑스, 영국, 이탈리아, 그리고 러시아에서 각기 다루는 발레 테크닉과 이에 대한 지도 방식이 다르다. 예를 들면 팔의 동작(ports de bras)이라든지 어깨의 움직임(épaulement)에서 지역에 따른 차이가 현저하게 드러난다. 이러한 다른 점들은 발레의 동작을 다채롭게 하며, 그 의미와 미(美)에서도 미묘한 차이를 가져오게 한다.

발레는 무용가의 동작뿐만 아니라 무대미술, 조명, 의상, 영상 그리고 음악, 음향 등이 결합된 시청각 예술이다. 그래서 아주 다양한 형태나 스타일로 진행된다. 오늘날 유럽 발레는 더 이상 고전적 의미의 발레라는 틀에 담을 수 없게 되었다. 현대에 와서 발레는 아주 복잡해졌고 매우 새로운 스타일의 포스트모던 예술이 되었으며 다른 형식의 예술과 융합되고 있다. 그뿐만 아니라 테크놀로지의 발달로 근접 분야와 효율적으로 통섭하고 있다. 이제 고전적 의미의 '발레'라는 용어는 재해석되고 새롭게 의미가 규정되어야 될 상황이다. 이제 발레는 복잡하고 다양한 삶의 모습이 되었고, 역으로 삶이 곧 무대이고, 무용이며, 예술이 되었다.

21세기 한국에 살고 있는 우리에게 17세기 서양에서 확립된 발레가 어떤 의미를 갖는 것일까? 서양의 발레에서 한국의 발레로, 과거의 발레에서 현재의 발레로, 귀족의 발레에서 대중의 발레로 진화해야 할 것이다. 발레가 갖고 있는 날고 싶은 인간의 욕망을 표현한 성격에 더해 한

사진 2. 조기숙 뉴발레단 〈그녀가 논다-여신 항아〉.
한국 발레가 세계로 나아가려면 한국적 특수성과 정서를 담아내야 한다.

국적인 특수성과 정서를 담아내야 된다(〈사진 2〉 참조). 이를 위해서는 발레 예술가와 무용가들 그리고 관객이 다 같이 한국 발레가 나아가야 할 방향에 대해 고민하고 다각도로 논의해야 한다. 그래야만 한국인이 하는 발레가 세계적 의미를 확보하게 되고, 다시 서양에 진출할 수 있게 된다.

발레에 대한 이해는 사실 아주 지적인 것을 요구하지도 지적인 것에 의지하지도 않는다. 이는 분석적인 이성에 사로잡혀 몸과 감정을 정신과 논리의 하위 개념으로 간주하는 것을 허용하지 않는다는 뜻이다. 발레의 철학은 신체적 · 정신적이고 영적인 모든 것이 통합되어 있는 몸의 움직임으로 드러난다. 그래서 발레의 철학은 삶과 몸에 대한 태도로 연결된다. 또한 관객은 그것을 몸으로 관람함으로써 무용가와 관객은 온몸으로 소통하게 된다. 이것이 발레를 향유하는 자세이다. 무용예술은 다른 예술과 같이 자신과 사회, 그리고 관계에 대한 예술가의 이해를 다른 이들과 소통하려는 진솔한 시도이다. 성공적인 무용예술은 이 소통이 쌍방으로 이루어지는 것이라 할 수 있다.

2. 주체로서의 몸

발레리나의 '춤추는 몸'을 어떻게 규정할 것인가에 대해서는 여러 가지 논의가 있어 왔다. 피아니스트나 악기 연주자와는 달리 무용가는 악기라는 매개체 없이 무용가 스스로 몸 동작을 통해 무엇인가를 드러내고 관객과 소통한다. 춤추는 몸은 기량을 위한 도구인가, 무엇인가를 표현하기 위한 매개체인가, 아니면 그 자체로 예술의 주체인가에 대한 논의가 진행되어 왔다. 사실 무용 중에서도 클래식 발레[3]만큼 여성주의 학자들의 비판을 많이 받은 분야도 드물다.[4]

여성주의 무용 연구자들은 클래식 발레에서 춤추는 여성의 몸은 기량을 보이기 위한 도구로 취급받았다고 규정한다. 마치 팽이를 계속 돌게 하기 위해 채찍질을 하듯이 발레리나를 잘 돌게 하기 위해 남성 마스터는 막대기를 들고 여성 무용가들을 혹독하게 훈련시켰다. 예술의 성과와 결과물은 당연히 남성 안무가나 마스터의 몫이었다. 낭만 발레[5] 작품의 내용은 주로 신화였고, 고전 발레[6]는 주로 왕실의 이야기를 다루었다. 이러한 작품에서 여성 무용가는 늘 기량을 드러내는 도구였고 연약한 보호의 대상이었다.

미첼 포킨(Michel Fokine, 1880-1942)이 주도한 뉴 발레(new ballet)에 이르자 발레도 변화하기 시작했다. 즉, 무용 작품에서 표현주의가 드러나기 시작했는데 왕실의 이야기보다는 무용가 자신의 내면의 감정을 표현하기 시작한 것이다. 포킨은 발레에 대한 다섯 가지 개혁안을 주장하며 발레에서 무용가의 표현을 강조한다. 즉, 발레 작품의 모든 요소가 통일성을 갖고 일관성 있게 주제를 표현해야 한다는 것이다. 이 시기는 무용가 자신의 내면의 감정을 표현하는 현대 무용이 유행해서 상호간 영향을 주고받았을 것이리라 추정된다. 포킨은 세계에서 가장 짧은 4분짜리 발레 작품을 남겼는데 그것이 바로 〈빈사의 백조(The Dying Swan)〉

3 여기에서 클래식 발레는 낭만 발레와 고전 발레를 다 아우르는 용어로 사용한다.

4 무용가의 춤추는 몸에 대한 논의는 베인스(S. Bains), 김수인 · 김현정 옮김, 2012), 조정희 · 조기숙(2012) 등에서 연구되었다.

5 낭만 발레는 18~19세기에 프랑스와 영국 등 서유럽에서 유행한 발레의 유형이다. 낭만 발레의 대표작으로는 〈지젤(Giselle)〉, 〈라 실피드(La Sylphide)〉 등이 있다.

6 고전 발레는 19세기 러시아에서 유행한 발레 유형이다. 고전 발레의 3대 대표작은 〈백조의 호수〉, 〈잠자는 숲속의 미녀〉, 〈호두까기 인형〉이다.

(1905)이다. 이 작품은 죽어가는 백조의 모습을 재현함으로써 인간 내면의 고통을 표현했다. 왕가의 얘기나 전설의 내용이 아닌, 자신의 내면의 감정을 드러낸 표현주의적 무용에서는 춤추는 몸에 대한 시각이 어떠했을까. 몸은 마음과 정서를 표현하는 매개체이자 악기였다(조정희 · 조기숙, 2012). 만약 몸이 악기라면 연주자 없이는 연주가 불가능하다. 악기 자체는 아무리 명기라도 연주자 없이는 그 어떤 연주도 할 수 없다. 무용가의 몸이 악기라면 도대체 연주자는 누구란 말인가. 무용이 전문화되고 세분화되면서 예술가이자 연주자의 자리는 주로 안무가가 담당했고, 무용가는 안무가의 지시에 따라 연주되는 악기라고 간주되어 왔다. 이 점이 바로 포스트모던 댄스(postmodern dance)에서 받아들일 수 없는 대목이었다.

포스트모던 댄스에서 춤추는 몸은 그 자체가 예술의 주체로 인식된다. 무용가는 안무가나 마스터의 지시에 따라 춤추지 않고 자신의 의지와 감각에 따라 춤춘다. 춤추는 무용가가 그 예술의 주인이자 결정권자이다. 포스트모던 시대의 무용은 그간 무용예술이라고 생각해 왔던 범주를 벗어나서 좀 더 혁신적이고 융합적이 되었다. 포스트모던 댄스의 등장에 큰 영향을 끼친 머스 커닝엄(Merce Cunningham, 1919-2009)은 무용에서 '표현'을 하려고 하는 것에 대해 문제를 제기했다(Adshead-Lancedale & Layson, 1994: 182-197). 무용은 무엇인가를 표현하려고 하기보다는 몸이 주체가 되어 몸의 움직임 자체를 탐구하면 되고, 그러면 표현은 부수적으로 따라온다는 것이다. 포스트모던 댄스에서는 표현을 하려고 얼굴 표정을 짓는 것 등을 신파조로 촌스럽게 생각한다. 또한 몸으로 마음을 표현하려고 한 발상 자체가 여전히 몸을 마음의 표현 수단으로 생각했기 때문이라고 지적한다. 조지 발란신은 발레 작품에서 그 어떤 스토리나 표현보다 춤 그 자체를 강조한 안무가이다. 물론 발란신이 동작 자체를 강조한 것과 포스트모던 무용가들이 춤추는 몸을 강조한 것에는 차이가 있다. 발란신은 무용가를 호되게 훈련시켜 몸을 만들게 하는 등 무용가의 주권이 발휘되기 힘들었던 반면 포스트모던 무용가들은 자신이 출 춤을 스스로 결정해 예술의 주인이 되었다.

발레는 예술가가 자신의 신체를 주체로 한다는 점에서 신체의 제한적인 면에 갇힐 위험성이 있다. 발레 무용가는 우선 자신의 몸을 알고 몸이 좀 더 자유로워져서 자연스럽게 동작을 할 수 있도록 혹독한 수련을 해야 한다. 두 번째로는 그 몸이 스스로 자발적으로 무용을 하는 것이 필요하다. 음악가는 악기에서 분리되어 음악을 통해 악기와 연결되는데, 무용가는 악기라는 매개체 없이 자신의 몸과 동작을 하는 몸이 동일체이다. 이러한 이해에 근거해서 무용가의 수련이 이루어져야 한다. 몸(soma)[7]은 연습과 레슨의 시작부터 끝까지 매 순간 가장 배려하고 소중하게 모셔야 될 주인이다. 몸을 움직이는 원리와 법칙이 무엇인지 이해하는 것은 춤의 기본 조건이다. 그래야 부상도 막을 뿐만 아니라 몸이 기쁘고 좋아서 생명을 찬미하는 춤을 추게 된다.

무용가의 수련은 몸에 새겨진 마음가짐인 품행에서부터 시작된다. 그런 의미에서 몸가짐은 무용가 그 자신이며 춤추는 동작과도 연결되어 있다. 몸가짐은 세상에 대한 자세이며 무용 공부가 왜 필요한지를 말해준다. 무용의 의미는 〈사진 3〉에서와 같이 무용가 간에 서로 배려하고 관객에게는 감동을 줄 때 명료해진다. 발레리나의 춤추는 몸은 스스로 주체이지만 자신을 초월해서 좀 더 우주적일 때 그 의미가 배가된다.

7　몸(soma)은 육체를 강조하는 body와 대별해서 지성, 감성, 영성이 통합되어 있는 몸을 일컫는다.

사진 3. 조기숙 뉴발레단 〈그중에 제일은 사랑이라〉.
무용 공연은 무용가 간에 서로 배려하고 존중해야 한다.

발레를 공부하려면 몸에 대해 두 가지를 이해할 필요가 있다. 우선 발레가 요구하는 전형적인 신체의 소유자만이 발레를 할 수 있냐는 점이다. 물론 천성적으로 팔다리가 길고 얼굴이 작으며 골반의 외향이 잘 되는 몸은 발레 기량을 습득하는 데 유리한 것이 자명한 사실이다. 하지만 춤을 잘 춘다는 것은 기량뿐만 아니라 무용가의 생각, 정서, 에너지, 지성, 끼 등 모든 것이 녹아들어서 그 어떤 모습으로 드러날 때이다. 즉, 신체의 형태만이 최우선적인 조건은 아니라는 말이다. 프로 무용가도 그러한데 취미로 발레를 배우려고 한다면 그 어떤 신체 조건이라도 상관없다. 발레를 하면 주어진 시간에 특정한 자세를 연마할 수 있고, 나아가 공간에서의 움직임은 발레를 넘어 즉흥적으로 발생하는 무용을 만들어내는 능력을 향상시킨다. 자유로운 수련이나 레슨은 이렇게 즉흥적으로 발생하는 움직임을 격려하고 발전하게 인도한다. 즉, 선천적인 신체의 모습보다는 스스로 춤추는 몸의 주체가 되어 즐길 수 있다면 누구나 발레를 할 수 있는 것이다.

무용가는 악기나 도구를 사용하지 않고 몸으로 바로 세상을 해석하고 세상에 발언한다. 발레리나의 몸은 다른 사람들의 몸이 그렇듯이 하나의 우주라고 할 수 있다. 지금 현재를 가장 잘 대변하는 몸에 그 무용가의 모든 삶이 담겨 있다. 그 몸은 혼자만 존재하지 않고 다른 몸들과 같이 연결되어 관계를 맺으면서 존재한다. 연결은 음악과 함께 한 자세에서 또 다른 자세로 바뀌는 흐름을 만들어내고 우리는 바로 이것을 무용이라고 한다.

필자는 훈련이나 트레이닝이라는 용어보다는 수련이나 레슨이라는 용어를 선호한다. 이는 무용가의 자유 의지, 무용가 몸의 중요성, 춤추는 몸에서 나오는 원동력을 강조하기 위해서이다. 움직임과 움직임의 관계, 몸과 시공간적인 관계는 무용가가 스스로 감각을 갖고 동작을 할 때 좀 더 효과적으로 탐구된다. 이것이 음악과 일치될 때 이 둘은 분리될 수 없는 하나가 된다. 이때 무용가는 비로소 춤으로 세상의 '주인됨'을 체험하게 되는 것이다. 춤은 주체인 무용가의 몸에서 나와 관객과 소통하고, 무용가의 에너지와 관객의 감동이 하나 될 때 그 존재 의미는 더욱 부각된다.

3. 발레리나는 어떤 존재인가

서양 발레에서는 실력과 예술성이 탁월한 여성 무용가를 높이 존경하는 의미에서 발레리나(Ballerina)라고 했고, 남성 무용가는 발레리노(Ballerino)라고 칭했다. 하지만 오늘날에는 보통 명사가 되어 발레를 하는 여성 무용가를 발레리나라고 하고, 남성 무용가를 발레리노라고 한다. 클래식 발레단의 무용가들은 위계가 분명하고 남녀의 역할도 분명히 차이가 있다. 현대에 와서 이런 위계와 차이는 점차 붕괴되고 있지만 여전히 큰 발레단에서는 이러한 시스템이 존재한다. 발레 무용가의 위계는 제일 위에 주역(prima ballerina or prima donna) 또는 수석 무용가, 그 바로 밑에 솔리스트(solist), 그다음 군무진(corps de ballet)의 순서이다. 솔리스트는 수석 무용가와 군무진 중간에 위치해서 독무를 할 수 있는 무용가이다. 코다(coda)는 군무를 하는 무용가로서, 개성을 드러내기보다는 함께하는 무용가들과 호흡을 맞추고 협동해서 조화를 이루는 것이 중요하다.

포스트모던 댄서인 데보라 헤이(Deborah Hay)는 "모든 생명체는 움직이고 있고 모든 움직임이 바로 춤이다"라고 주장한다. 그런 측면에서라면 무용가뿐만 아니라 모든 사람이 이미 춤을 출 수 있고, 춤이 무엇인지 알고 있다고 할 수 있다. 하지만 그런 주장에 대해서는 다양한 의문이 제기된다. 그렇다면 춤은 보편적인 움직임 그 자체인가? 춤은 삶을 반영하는 것인가? 춤은 자연을 재현하는 것인가? 사람은 무용을 통해 무엇을 하려고 하는 것인가? 무용의 종류가 다양해서 이에 대한 답을 하나로 규정하기는 어렵지만 발레의 경우에는 다음과 같이 답할 수 있을 것이다. 발레는 일상에서 나오는 보편적인 움직임을 벗어나 가능한 새로운 움직임을 만드는 것에 주력하고 있다. 발레는 분명히 삶을 반영하고 있지만 삶에서 초월하는 것을 꿈꾼다. 그래서 발레에서는 하늘을 지향하는 기량이 발달되어 있다. 발레의 동작은 자연이나 일상 동작을 재현하기보다는 새로운 동작과 이미지를 추구한다. 발레는 인간의 삶과 몸에 가장 충실한 예술이지만 인간이 발레를 하는 이유는 몸과 삶을 초월하기 위한 것이다. 즉, 발레는 자아에 뿌리를 내리고 있지만 궁극의 목표는 자아를 초월하는 것이다.

발레는 무용가가 몸에 새겨진 체험을 기반으로 무한하게 새로운 방식으로 동작을 창조하는 특별한 예술이다. 어찌 보면 춤을 통해 그 어떤 목적을 달성하는 것보다는 새롭고 다양한 방식으로 춤을 추는 것 자체가 목적이기도 하다. 어떤 생각을 표현하기 위해 춤을 추는 것이 아니라 춤 자체에 무용가의 사유 방식이 녹아 들어 있다. 이는 종종 기획자의 의지나 계획과는 무관하게 예측할 수 없는 방식으로 드러나기도 한다. 발레 무용가는 몸에 깃든 정신과 영혼을 다 동원해 관객, 나아가 인류에게 호소한다. 또한 스스로 요정이 되어 하늘을 날기도 한다.

발레리나는 하늘을 날아야 하기 때문에 가벼워야 한다. '하늘'은 보이지 않고 잡을 수 없는 무한한 가능성이자 꿈이다. '땅'은 보이고 잡히는 현실이자 삶이다. 땅에 눌러붙어 현재의 생활과 생각에서 벗어나지 못하면 성장과 진화는 이룰 수 없다. 클래식 발레 작품의 대형은 마치 건물에서 고딕 양식과도 같이 대칭과 수직을 기본적인 원칙으로 한다. 이 대형은 몸의 수직성과 수평성을 가장 중요하게 생각하는 발레 무용가의 몸을 사용하는 원칙과도 일맥상통한다.

발레의 정신적이고 영적인 차원은 무용가의 움직임으로 드러난다. 정신적인 것을 강조하고 표현하려고 해도 동작으로 실행할 수 없다면 의미가 없다. 그렇다고 육체적인 기량만을 강조하는 것은 감성, 지성, 영성을 배제함으로써 무용의 격조와 예술성을 격하시킨다. 즉, 모든 것이 깃든 몸이 바로 주인이 되어 움직임의 질을 추구해 좀 더 다양하고 섬세하며 깊이 있는 움직임을 추구해야 한다. 이런 측면에서 발레리나는 탐구자여야 한다.

모든 예술가에게 여러 가지 덕목이 요구되지만 발레만큼 광범위하게 다양한 것을 아우르는 것을 요하는 예술도 드물다. 리듬에 대한 탁월한 감각과 종합적인 연기력은 물론 엄격하고 고통스러운 신체적인 도전을 이겨낼 수 있어야 한다. 무용가의 몸은 어려운 동작을 해낼 수 있어야 하며, 이를 체화해서 전혀 어려움이 없는 것처럼 자연스럽게 실행해야 한다. 아무리 좋아서 하는 발레이지만 종종 뼈를 부러뜨리고 힘줄이 늘어나거나 근육이 찢기는 부상을 당하기도 한다. 무용가에게 연습은 그가 초보자이든, 혹은 성공한 예술가이든 관계없이 늘 해야 하는 일상이다. 몸은 늘 변하므로 연습하지 않으면 그 기량은 빠르게 사라지기 때문이다. 발레 무용가는 시간이 지나면 잃게 될 완벽한 기량을 유지해야 한다는 피할 수 없는 자기 수련과 고독함을 안고 산다.

발레 무용가들은 인생의 많은 부분을 연습실에서 보낸다. 특히 초반에는 바(barre)에서 보내게 된다. 바는 발레 연습 때 필요한 허리보다 약간 높은 수평 지지대를 말한다. 근육을 늘리고 몸 전체를 풀어주는 기본 동작을 바에서 하면서 균형을 잡게 된다. 발레에서 발레리노는 일반인이 보기에 민망한 하체가 딱 달라붙는 의상을 입는다. 관객은 발레리나가 푸앙트 슈즈(pointes shoes)를 신고 발끝으로 서서 동작을 하는 것만 봐도 신기해 한다. 사실 푸앙트 슈즈를 신는 것 자체도 오랜 수련을 거쳐서 몸의 중심을 스스로 잡아야만 가능하다. 그러나 발레 예술의 세계에서 이는 시작에 불과하다. 마치 도인들이 경전을 수없이 읽어야 도를 깨우치듯이 발레리나들은 수많은 나날을 연습해야 관객에게 감동을 줄 수 있는 동작을 실행하는 것이 가능해진다. 그 경지에 도달하면 아름다운 동작을 관객에게 보일 수 있는 것에 스스로 기뻐하게 되고, 그 힘든 나날이 기쁨으로 승화된다.

공연의 종료와 더불어 형체 없이 사라져 버리는 무용은 단 한 번뿐인 삶과도 비슷해서 '지금 여기'의 중요성이 가장 강조되는 예술이다. 무용에서 '지금 여기'는 순간이기도 하지만 그 순간의 감각과 체험은 그 어느 것보다 강렬하고 영원하다. 발레 예술가는 '지금 여기'를 '영원한 순간'으로 느끼며 영적·신체적으로 작업하는 사람들이다. 발레 무용가들은 합리적인 정신과 신체 그리고 영혼 모두를 통합적으로 이해하는 것을 기반으로 바깥으로 표출되는 몸의 움직임을 실행하는 것이다. 하지만 순간의 예술을 어떻게 기록하고 남길 것인지에 대해 고민하고, 작품 아이디어와 동작들이 연구될 수 있는 자료를 남기는 것 역시 중요한 일이다.

무용가는 좀 더 감동을 주는 무용을 하기 위해 영적, 정신적, 육체적인 면을 통합해 몸을 수련해야 한다. 감성, 감각, 지성은 모두 몸에 깃들어 있고, 수련은 이 모든 것이 통합된 몸에서 시작된다. 몸에서 감성, 지성, 영성은 균형감을 갖고 함께 발달된다. 기량은 몸의 가능성을 높이려는

사진 4. 조기숙 뉴발레단 〈백조의 호수–사랑에 빈하다〉.
발레리나는 하늘과 땅을 연결하고 인간과 소통하는 존재이다.

목적을 가지며, 대부분의 기량은 관계와 적응력 그리고 상호 작용과 관련된 것이다. 기량 자체가 목적은 아니지만 이것이 기본이 되지 않으면 움직임의 능력은 현저하게 떨어질 수 있다. 기량의 단계에서부터 무용가 자신의 철학을 확립하고, 이에 근거한 춤의 개성을 찾는 것이 중요하다.

〈사진 4〉의 느낌과 같이 발레리나는 직립의 몸으로 하늘과 땅을 연결하고 수평의 어깨로 인간과 소통하는 존재이다. 그러면서 스스로 인격의 성장을 도모하지만 그것에 안주하지 않고 하늘을 날 수 있는 준비를 하는 존재이다. 그래서 인간과 자연 그리고 사회를 파악하고 생명을 찬미하기 위한 길을 찾아 나선다. 기량을 위한 기량은 기술로 전락할 위험이 있다. 이 세상을 더욱 아름답게 진화시키기를 원하는 순수한 열망으로 인해 발레리나의 존재는 빛나는 것이다.

발레하는 사람이 꼭 알아야 하는 것 중의 하나는 고유수용감각(proprioceptive sense)이다. 고유수용감각은 몸학(somatics)과 심리운동학에서 많이 쓰는 핵심 개념으로 '자신(proprius)'과 '지각(perception)'의 합성어로서 자신에 대해 지각하고 수용하는 감각을 뜻한다(최현석, 2009). '고유'는 원래 지니고 있는 주체의 감각을 말한다. 고유수용감각은 움직이는 체험을 통해 자신만의 고유한 몸의 감각을 알아차리는 것이다. 이 감각은 몸의 위치 감각과 운동 감각을 모두 포함하고 있다. 고유수용감각은 연습을 통해 개발될 수 있다. 고유수용감각을 발전시키면 무용가는 동작의 능력이 향상되어 자신만의 개성이 있고 독특한 움직임을 창조할 수 있게 된다. 또한 느낌이 충만하게 되어 표현이 풍부해진다. 느낌은 신체 감각을 통해 생기는 마음의 상태를 말한다.

연습실에서 인생의 대부분을 보낸 발레 무용가들은 급변하는 사회의 변화를 읽어내지 못하고 뒤처지거나 정보의 바다에서 길을 잃어버리는 수가 있다. 자신들이 추는 발레의 아름다움으로 세상과 소통하려 했던 발레리나들은 세상을 모르고 누구와 소통하려 했는지 헷갈리며 혼란 속으로 빠져들 수 있다. 이를 막기 위해서는 발레 연습 시간 외에 책을 많이 읽음으로써 인문학적인 소양을 기르고 사회적 이슈에 대해 관심을 가져야 할 것이다.

종종 무용가는 기량을 완벽하게 해내야 된다는 사명 앞에 '왜'라는 질문을 잊을 수가 있다. 어떻게 해야 기량을 잘 펼칠 수 있는지에 대한 답을 찾아 어느 정도의 성과를 얻게 되었다 하더라도 '왜'라는 질문이 해결된 것은 아니다. 무용가는 늘 '왜'라는 질문을 하며 답을 찾기 위해 고민해야 한다. 이 '왜'라는 질문은 무용가를 단순 기량인을 넘어서 예술의 차원으로 이끌어줄 것이다. 이 지점에서 무용가는 예술과 자신의 관계를 성찰적으로 모색해야 한다. 이는 인간과 사회 그리고 자연에 대한 이해와 이것들의 관계를 이해하고 더 깊이 있는 예술을 이해하게 인도한다. '왜'라는 질문은 발레 무용가가 발레라는 예술을 좀 더 깊게 이해할 수 있도록 도울 뿐 아니라 다른 예술에 대한 이해와 예술 간 상호 협력과 협업을 활성화할 수 있게 한다. 무용가와 교사 그리고 안무자들이 이와 같은 고민을 하지 않는다면 무용은 이 사회에서 그 위상이 약화될 것이다.

제2장

발레의 핵심 원리

1. 바른 자세: 편하고 행복한 자세

발레를 잘하기 위한 첫걸음은 바른 자세이다. 바른 자세를 취하면 몸이 편하고 행복해진다. 그러면 바른 자세란 어떤 것인가? 우선 몸의 중심이자 수직선인 꼬리뼈, 척추와 머리가 바르게 중심선 정렬(center alignment)을 이루어야 한다. 그리고 수평선인 골반과 어깨가 편향되지 않고 바르게 좌우 대칭을 이루어야 한다. 또한 몸 어디에도 긴장이 있어서는 안 된다. 몸의 어느 부분이건 긴장을 하면 움직임의 범위가 제한된다. 또한 기(氣)의 흐름이 막혀서 순환에 문제가 생기고 마음도 답답해지게 된다. 역으로 마음이 힘든 상황에서는 자신도 모르게 몸이 긴장하게 된다. 몸을 부드럽게 하면 마음까지도 포용성과 여유를 갖게 된다. 시선은 바로 눈앞에 있는 것만을 보는 것이 아니라 넓게 멀리 보며 전체를 조망해야 한다.

바른 자세를 이루기 위한 조건은 운동 감각과 시공간에서 자신의 위치와 존재를 알게 하는 감각인 고유수용감각(proprioceptive sense)을 깨우고 개발하는 일이다. 참다운 바른 자세는 자신의 내적 감각이 살아 있어야만 찾을 수 있고, 그 내적 감각은 잘 사용하면 민감해지고 발달하지만 사용하지 않으면 둔해지고 사라지게 된다. 다른 감각(오감)과 달리 고유수용감각은 몸의 모든 근육에 있으며, 구체적인 움직임을 통해 알게 되는 감각으로, 그 느낌의 대상인 바로 자신을 변화시키는 감각이다. 또한 이는 몸이 균형을 잡고 위치를 알아내는 감각인데 그것만으로 끝나지 않고 뇌에 전달되어 인간관계를 파악하는 등 사회성과도 연결된다. 이 점이 일반적으로 행해지는 바른 자세 수업이나 체형 교정 또는 척추 교정 등과 다른 점이다. 즉, 남이 해주는 것을 일방적으로 받는 것보다는 스스로가 움직여서 고유수용감각을 느껴야 근본적인 해결을 할 수 있다. 척추 교정 등 남이 해주어서 일시적으로 바로잡았어도 그 문제를 야기하는 습관이 그대로 있는 한 문제는 다시 발생하게 된다. 문제가 있는 자신의 몸의 습관을 알아차리고 그것의 개선을 위해 몸으로 실행할 때 몸의 문제가 극복될 수 있다. 발레는 이 고유수용감각을 체계적으로 기르고 체화시키게 한다.

〈사진 5〉에서 보이는 것과 같이 바른 자세는 비단 발레 무용가에게만 해당되는 것이 아니라 누구에게나 필수적인 사항이다. 바른 자세란 겉으로 드러나는 바른 자세만이 아니라 내면에서 감각해 스스로 행하는 골격 정렬, 근육 이완 그리고 자유로운 호흡을 말한다. 바른 자세에서는 자세를 유지하기 위해 불필요한 노력이나 긴장을 하지 않게 된다. 이러한 바른 자세는 좀 더 부드럽고 우아한 동작으로 연결된다. 나아가 마음으로 이어져서 세상에 대한 포용과 관용의 미덕을 쌓게 한다.

바른 자세를 유지하면 척추가 길어지고 유연해지며 몸의 응축을 해결할 수 있게 된다. 그래서 척추의 가동 범위가 넓어지고 척추와 그 주변 근육 움직임의 범위가 확대된다. 머리와 척추 그리고 천골의 연결이 부드러워지고 골반이 바르게 되어 하체의 움직임도 향상된다. 몸의 직립선이 바르게 되면 목의 움직임도 향상되어 편안해지고 어깨와 팔의 움직임 또한 부드러워지고 다리의 움직임 역시 향상된다. 바른 자세는 개인의 차원에서 끝나지 않고 더욱 유연하고 포용적인 인간관계를 할 수 있게

사진 5. 조기숙 뉴발레단 〈백조의 호수–사랑에 통하다〉.
바른 자세는 누구에게나 필수적인 사항이다.

해준다.

어떤 자세라 할지라도 근육이 자유롭게 움직일 수 있고 건강에 이상이 없다면 크게 문제될 것은 없다. 몸 구조와 신경 체계는 중력(重力)이라는 조건에서 발달하는데, 바른 자세는 골격이 중력의 힘에도 불구하고 가장 적은 에너지로 신체를 지탱하고 움직이는 것을 가능하게 한다. 반면에 잘못된 자세에서는 근육이 골격의 역할을 일부 담당하게 된다. 그렇게 되면 신체의 역할이 바뀌어 움직임이라는 근육의 주요 기능을 수행하지 못하게 되고 불필요하게 에너지를 소모해서 몸을 힘들게 한다.

자세를 교정하기 위해서는 중력에 대한 신경 체계의 반응을 왜곡시킨 것이 무엇인지 파악하는 것이 중요하다. 이렇게 왜곡된 상태에서는 몸 전체 체계 내의 모든 부위가 살아가는 동안 지속적으로 이러한 왜곡에 적응해야만 된다. 몸 사용의 핵심 원리를 알기 위해 끌어올림을 통한 몸의 직립성과 외향에 기반한 몸의 균형을 파악하겠다.

2. 끌어올림: 하늘과 땅을 연결하는 인간의 몸

발레에서 가장 강조하는 핵심 원리인 끌어올림(pull-up)은 몸을 위로 끌어올리거나 늘이는 것을 말한다. 그러기 위해서는 우선 발바닥을 쭉 펴서 바닥에 굳건하게 뿌리를 내리는 기분으로 박아야 한다. 그리고 땅의 에너지를 발목, 종아리, 무릎, 허벅지, 천골에 모아서 척추로 끌어올린다. 이어서 그 에너지를 머리 위로 끌어당겨야 한다. 이렇게 끌어올림은 몸의 직립성을 가장 강화하는 것으로 상체를 위로 길게 늘인다. 여기서 가장 강조되는 것은 척추 사이의 연골을 길게 늘여서 척추를 위로 뽑아

올리는 것이다. 이는 중력을 거스르며 중력에 의해 받게 되는 몸의 하중을 약화시키고 특히 하체에 몸무게를 덜 받게 한다. 끌어올림은 몸을 좀 더 가볍게 하고 움직임이 바로 수행될 수 있도록 민첩성을 갖게 하는 가장 효율적인 원리이다.

인간은 유일한 직립동물로서 직립 이후 만물의 영장이라는 자리를 차지하게 되었다. 인간의 몸은 원숭이처럼 네 발로 기다가 두 발로 걷는 형태로 진화했다. 직립은 역사적으로 오랜 기간 진화의 성과이다. 직립 상태에서 인간은 발바닥으로 땅에 굳건히 뿌리를 내리고 머리는 하늘을 향한다. 인간의 직립은 땅으로 잡아당기는 중력과 끌어올리는 힘에 의해 유지된다. 직립은 세상을 더 멀리, 넓게 볼 수 있게 하고 팔의 자유를 얻게 했다. 발레는 이렇게 인간 진화의 역사에 구체적으로 연결되어 있다. 또한 직립으로 인해 인간의 몸은 하늘과 땅을 연결하는 바로 그 현장이 된다. 흥미롭게도 동양 철학에서 강조하는 천지인(天地人)의 원리가 발레에서도 드러나고 있다. 하늘과 땅은 인간의 몸을 통해 하나가 된다.

끌어올림을 하기 위해서는 〈사진 6〉에서와 같이 척추를 바로 세우고 꼬리뼈, 척추뼈와 머리뼈까지의 정렬을 이루어야 한다. 꼬리부터 머리까지는 다 연결되어 통하고 있어야 한다. 늘 우리 앞에 거울이 있는 것이 아니기 때문에 스스로의 감각으로 자신의 몸이 정렬을 이루었는지 또한 끌어올림을 했는지 느낄 수 있어야 한다. 몸의 상태와 자세를 감각으로 느낀다는 것은 '지금 여기'에서 자신의 몸과 마음에 몰입해야만 가능하다. 이런 상태를 바로 감각이 살아 있다고 하는 것이다.

끌어올림은 발레리나들에게는 기본적인 사항인데 발레를 하지 않는 사람들에게도 많은 이점을 준다. 하지만 중력에 익숙해서 움츠러든 자세가

사진 6. 끌어올림과 균형이 맞는 자세

익숙한 사람들은 쉽게 끌어올림을 할 수 없다. 일반인들에게는 끌어올림을 알아가는 과정 자체가 몸을 알아가는 공부이다. 이를 수행해 보며 몸을 움츠렸을 때와 끌어올렸을 때의 차이를 인지하게 됨으로써 어느 자세가 자신의 몸에 맞고 편한지 스스로 알 수 있게 된다.

끌어올림의 효과는 우선 자세가 바르게 되고 키가 줄어들지 않는다는 것이다. 사람은 서른 살만 되어도 중력으로 인해 키가 줄어들게 되는데 끌어올리면 이것을 막을 수 있다. 다음은 몸 응축 현상을 막을 수 있게 된다. 몸 응축은 뼈 사이의 연골이나 몸의 근육들이 굳어지고 줄어드는 것을 말한다. 몸 응축이 일어나면 몸이 쉽게 긴장되고 피로감도 금방 온다. 또한 몸 움직임의 범위도 줄어들게 되어 노화가 급속도로 진행된다. 끌어올리면 몸 응축을 예방하고 해소할 수 있으니 얼마나 소중한 원리인지 모른다. 사실 발레의 원리는 발레리나뿐만이 아니라 모든 사람에게 해당되기 때문에 더욱더 의미가 있는 것이다.

대표적으로 발레 동작의 원리를 잘 드러내고 있는 것이 몸의 수직선이다. 수직선은 움직임이 바깥으로 나갈 수 있는 중심, 혹은 정적인 기준점을 의미하며 모든 움직임은 이 수직선으로 다시 돌아온다. 몸의 중심선이자 수직선은 무용가와 관객 그리고 연구자가 가장 먼저 인지하고 주목해야 하는 것이다. 이것은 건축가와 목수들이 중력 중심에서 수직을 세우는 것을 중요하게 생각하는 것과 동일한 원리이다. 건축에서 수직선은 하나의 원칙이며 법이기도 하다. 발레 무용가는 스스로를 중력의 중심과 관련해서 자세를 잡음으로써 중심과 원기둥을 가지게 된다. 몸의 중심선 주변에서 생겨나는 움직임을 무용가가 섬세하게 느끼고 발전시켜야 된다.

수직선을 통해 무용가는 몸의 연장과 방향을 이해할 수 있는 기본적인 기하학을 확립하게 된다. 무용에서 신체적, 정신적, 그리고 영적인 것은 다 연결되어 있고 동작은 중심에서부터 세상으로 확장되어 나아간다. 무용가의 몸에서 형태가 스스로를 나타내고 움직임은 에너지에 의해 진행된다. 무용가는 몸으로 움직이며, 몸의 각 부분과 움직임은 다 연결되어 있고, 특별한 방향과 차원을 갖고 있다. 무용은 신체적, 정신적, 영적 차원이 몸의 중심에서 통합되어 동작으로 세상에 드러내는 것이다.

인간의 몸이 척추를 수직으로 세우고 이를 지속하는 것은 두 개의 개별적인 근육 배열을 요한다. 첫 번째는 자세를 형성하고 유지하는 것이고, 다른 하나는 움직임의 자유로움을 허용하는 것이다. 결국 자유롭게 움직이기 위해 척추를 수직으로 세우는데, 그것으로 인해 움직임이 제약된다면 모순에 빠지게 된다. 무용가는 직립 자세를 유지하기 위해 움직임을 포기해야 하는 것인가? 그래서 몸에 대한 종합적인 이해가 중요한데, 몸의 직립성은 수평성과 균형성의 관계 속에서 이해되어야 한다. 수직선이기도 한 중심선 그것만으로는 움직임이 존재하지 않으며, 몸의 종합적인 관계에서 움직임이 형성된다. 수평성은 상황에 적응해 몸의 균형을 갖게 한다. 양팔과 골반이 그 역할을 한다. 마치 십자가 모양처럼 수직과 수평이 만나서 함께 그 역할을 할 때 끌어올림이 완성된다.

3. 외향: 세상을 향한 포용성

다른 무용과 차이가 나는 발레만의 아주 특별하고 독특한 원리가 바로 외향(turn-out)이다. 외향은 엉덩이와 허벅지의 연결 부분인 골반(pelvis)과 무릎 그리고 발을 옆으로 돌리는 것을 말한다. 외향은 하체 운동의 범위를 확장시켜 자유로운 다리 동작을 가능케 한다. 외향에서 주의해야 할 점은 골반, 무릎 그리고 발의 방향이 같아야 한다는 것이다. 외향은 일반인이 보기에는 이상해 보일 수 있으나 발레 동작 수행 시 균형을 잡게 도와주는 역할도 한다. 하지만 이 외향은 일상생활에서는 거의 필요가 없다. 현대 무용의 개척자 이사도라 덩컨(Isadora Duncan, 1877-1927)은 발레학원에서 학생들이 무리하게 외향을 하는 것을 보고 발레가 인간의 몸을 이상하게 왜곡한다고 생각해 절대 발레를 배우지 않기로 결심했다고 한다. 외향은 일단은 이를 실행하는 것 자체가 쉽지 않다.

발레에서는 골반과 하체의 외향을 지속하는 것과 동시에 하체의 동작이 좀 더 자유로워지고 확장되어야 한다. 그런데 외향이 익숙해지기 전까지는 오히려 억압이자 왜곡이라고 느낄 수 있다. 하체의 자유로운 움직임을 위해 외향을 하는 것인데, 한동안은 이 때문에 자세가 이상해지고 불편해지는 것이다. 이것은 발레리나들이 넘어야 할 산이다. 하지만 오랜 기간 수련을 하면 외향이 편안해지고 자유로워지게 된다. 발레만큼 하체를 자유롭게 쓸 수 있는 무용이 없는데 그때가 되어야 외향의 가치를 느끼게 된다. 그 단계가 되면 더 이상 외향을 위해 쓸데없이 힘을 쓰지 않아도 되는 것이다.

외향 자세는 몸의 수직과 수평의 균형에 의해 이루어지고 골반을 통해 유지된다. 발레 동작을 곧바로 수행할 수 있는 자세는 자연스러운 외향을 통해 이루어진다. 외향을 기반으로 발의 다섯 가지 자세가 만들어졌다. 이 다섯 가지 기본자세는 발레 동작을 즉시 실행할 수 있는 준비 형태를 만들어 움직임의 방향과 정도를 발달시킨다. 몸의 기능과 물리학적인 운동의 원리 그리고 발레리나의 자세와 발레의 동작은 일맥상통한다.

발레의 동작은 기하학을 이해하면 더 잘 파악할 수 있다. 하체의 외향은 외향 움직임이라는 고전 형태의 개념에서 기인한다. 이것은 바깥과 위를 지향하는 움직임이다. 이는 특정한 움직임과 감정을 전달하는 특정 종류의 표현을 가능하게 한다. 팔다리의 간단한 외향적인 회전, 특히 다리의 외향은 골반과 허벅지 안쪽 근육에서 잘 지지되지 않는 한 실행하기 힘들다. 이러한 밖을 향하는 움직임은 반드시 다시 안으로 들어오는 움직임을 동반한다. 발레의 움직임은 정적인 중심에서 발생해 확대되었다가 다시 정지로 돌아오는 과정의 연속이다. 이는 발레 동작이 타성에 젖어 개념 없이 움직이는 것이 아니고 본질적인 대조와 조화로 이루어지는 것을 말한다.

외향을 둘러싼 논란 중 하나는 골반 관절(pelvis joints)에서 외향할 수 있는 능력은 타고난 것인가, 아니면 후천적 노력에 의해 개선되는 것인가의 문제이다. 보통의 경우에는 연습에 의해 골반은 더 외향이 가능해진다. 하지만 골반의 구조가 앞쪽을 향해 있어서 기능적으로 잘 벌어지지 않는 경우에는 아무리 연습을 해도 외향은 개선되지 않는다. 이럴 경우 오히려 골반에 무리가 가고 부상을 동반할 수도 있기 때문에 억지로 하기보다는 몸에 맞는 만큼만 외향을 하면 된다. 이런 경우 클래식 발레리나가 되는 것이 목적이라면 문제가 되겠지만 창작 발레를 하는 데는 본질적인 문제가 되지 않는다. 한국 발레인들이 가끔 무리해서 몸을 외향하려고 하는 경우가 있는데, 이는 부상의 위험을 가져와 오히려 문제가 될 수 있다.

4. 나선: 삶의 적응력

〈사진 7〉과 같이 몸의 수직선과 수평선은 바른 자세뿐만이 아니라 고

사진 7. 조기숙 뉴발레단 〈그녀가 온다-여신 서왕모〉.
몸의 수직선과 수평선은 바른 자세뿐만이 아니라 고난이도의 동작도 가능하게 한다.

난이도의 동작도 가능하게 한다. 몸의 수직선과 수평선은 십자 모양으로 바른 자세를 갖게 해주고, 이 자세로 생겨나는 동작은 나선(螺旋, spirals)을 형성한다. 인간의 신체는 오른쪽 다리와 왼팔이 앞으로 나가는 식의 자연스러운 대조를 가지고 걷도록 구성되어 있다. 신체의 근육계는 몸의 자연스러운 움직임에 순응해 나선형으로 배열되어 있다. 자연스러운 움직임은 근육계의 나선형 배열을 통해 이루어진다.

근육의 나선형 효과의 예로는 몸의 앞 근육이 위로 당겨지고 뒷 근육이 아래로 늘어나 균형 면에서 자연스러운 대조를 만들어 쉬는 자세에서도 자연스러운 수직이 유지된다. 몸의 한쪽에 의해 다른 쪽이 나선형으로 작용하는 경우로는 허벅지를 들 수 있다. 발레에서 허벅지의 앞 근육은 사선 위로 당기게 되고 허벅지의 뒷 근육은 밑의 방향으로 늘이게 된다.

발레는 엄청난 정확성과 과학적인 동작을 요하는 수많은 신체 자세로 이루어져 있어서 본질적으로 움직임의 과학이라고도 할 수 있다. 발레 바(barre) 워크의 목적은 신체의 나선형 근육계에 따라 스스로를 자연스럽게 움직일 수 있도록 하는 데 있다. 그리고 무용이 신체 구성에서 유지되는 것과 같이 걷기의 원칙을 이해하고 나선을 통해 움직임을 활성화시키는 것이다. 이것은 비단 클래식 발레에 적용될 뿐 아니라 모든 종류의 무용에도 유용하다.

움직임은 자세 안에 잠재되어 있는 가능성에 의해 발생되고 자세에 내재되어 있는 대조를 통해 유지된다. 〈사진 8〉에서 보이듯이 수직선을 따라 발레 무용가 몸에 정렬되어 있는 나선형 근육계로 인해 움직임은 자연스러운 곡선을 형성한다. 나선은 의도적으로 만들어지는 것이 아니라 올바른 발레 수련을 통해 저절로 생겨난다. 발레리나의 근육은 그것을 목표로 해서 의도적으로 만드는 것이 아니라 발레를 하면서 형성되는 것이다.

사진 8. 조기숙 뉴발레단 〈그녀가 온다–여신 서왕모〉.
나선형 근육계로 인해 움직임은 자연스러운 곡선을 형성한다.

움직임의 추진력 또는 역학은 움직임에 대해 그 작용과 반작용의 대조를 유지하며 진행된다. 이 대조가 줄게 되면 움직임의 동력은 약해지고 모양 역시 사라지게 된다. 무용가는 스스로 움직임의 역학에 대한 이해와 잠재력을 가지고 새롭고 자연스러운 동작을 탐구해야 된다.

5. 호흡과 시선: 부드러운 예술성

무용가이자 무용평론가인 데보라 헤이(Deborah Hay, 1941-)는 호흡이 춤이고 사람은 호흡을 하기 때문에 모든 사람은 무용가라고 주장한다. 호흡은 사실 무용가가 의식을 하건 하지 않건 간에 늘 진행되고 있다. 호흡은 생명의 징표로 살아 숨쉬는 한 저절로 이루어지는데, 이는 감정과 생각을 반영하며 영향을 받게 된다. 여기서 논하는 호흡은 맥박 그리고 리듬과 연결된 것이다. 호흡은 자율적 체계가 관장하는 본능적인 과정으로 심장 박동과 소화 과정과도 연관이 있다.

호흡을 그냥 하는 것과 의식해서 하는 것 사이에는 커다란 차이가 있다. 의식적으로 호흡하는 것은 무용 동작과 직접적으로 연결된다. 무용을 할 때 호흡은 이에 상응하는 조정이 자동적으로 이루어진다. 인공적으로 호흡을 주관하려는 것이 아니라 호흡에 의식을 가져가면 동작을 좀 더 확장시키고 잘 수행하는 효과를 거둘 수가 있다. 특히 팔 동작을 할 때는 호흡과 동작과의 관계가 더욱더 중요해진다.

무용은 음악과의 상호 작용을 통해 감성과 지성을 동시에 드러낼 수 있다. 무용은 그림이나 조각과는 달리 그 본질이 지속적인 움직임과 변화에 있다. 맥락 안에서 일어나는 다양한 변화 속에서 그 의미가 드러나기

사진 9. 조기숙 뉴발레단 〈그녀가 운다-여신 무산신녀〉.
무용의 기본은 호흡과 리듬이다.

에 단편만 보이는 사진으로는 무용이 보이고자 하는 그 자체를 전달할 수 없다. 〈사진 9〉에서 보이듯이 무용의 기본은 호흡과 리듬이며, 이로 인해 움직임과 소리의 구조가 생겨난다. 현대 발레에서는 동작이 음악에 종속적이지 않고 독립적이기도 해서 무용과 음악과의 관계에 새로운 양상을 보이기도 한다.

대중성과 천박함의 차이는 그리 명료하지 않고 아주 미묘해서 많은 사람이 자주 혼동한다. 오랜 기간 엄청난 인내를 갖고 내공을 쌓아야 그 모습을 보이는 발레의 예술성은 오늘날 대중에게 인정받기가 힘든 분위기이다. 심지어 그렇게 갈고 닦은 발레 무용가의 다듬어진 몸과 숙련된 아름다움은 포스트모던 시대의 관객들에게 외면당하기도 한다. 발레 무용가들은 이러한 변화하는 상황에 적응하기 힘들어 한다. 게다가 자신들의 춤의 설명권은 학자나 평론가들이 쥐고 있다. 대중성과 천박함의 아주 미묘한 차이는 어떻게 인지할 수 있고 대중성을 지닌 예술성은 어떻게 확보할 수 있는 것인가? 오늘날과 같이 한류(韓流)와 아이돌(idol)이 문화예술계의 대세로 자리 잡고 있는 상황에서 이 경계는 명확하지 않다. 아무리 좋은 작품이라도 관객으로부터 외면당하면 그 예술성은 인정받기 힘들다. 그래서 오늘날 순수예술 쪽 또한 예술성과 대중성이라는 두 마리의 토끼를 잡으려는 전략을 짜기 위해 고심하고 있다. 대중성에 대한 논의는 다음으로 미루고, 무엇이 무용 작품에서 예술성인가에 대해 논의해 보고자 한다.

발레의 예술성은 부드러운 숭고성이다. 이는 호흡을 기반으로 해 시선에서 드러난다. 인간의 역사는 진화의 역사이고 지금 이 시간에도 진화는 계속되고 있다. 진화의 꽃은 예술이라고 할 수 있는데 그중에서도 인간의 몸이 주체가 되어 하는 무용이다. 진화의 목적은 아름다움을 달성하는 데 있다. 예술은 아름다움을 추구하기에 좀 더 진화된 인간의 활동이다. 그렇다면 예술성은 아름다운 것을 말하는 것인가? 또 그렇다면 그 아름다움은 무엇을 말하는 것인가? 질문이 꼬리에 꼬리를 물고 참으로 답은 간단하지 않다. 예술성의 핵심이 아름다움이라면 그 아름다움은 무엇인가? 아름다움을 뜻하는 그리스어 'to kalon'은 참된 것, 선한 것, 멋있는 것을 모두 포괄하는 개념이다. 이는 균형이 잡히고 조화를 이루어서 부드러움으로 드러나는 것이다. 즉, 무용에서 아름다움은 긴장이나 막힘이 없이 어려운 동작도 부드럽게 실행하는 것이다. 발레에서는 조금이라도 완벽에 못 미치는 동작은 못 하는 것으로 간주해 버린다. 발레는 완벽함을 추구하고, 그래서 불완전한 인간은 발레를 보며 오류와 더러움으로 가득한 이 세계에서 숭고함을 느끼곤 한다. 공연 순간 사라지는 발레이지만 그 순간의 숭고한 감동은 관객의 영혼을 울려서 희열을 느끼게 한다. 발레리나는 별 보상도 받을 수 없는 이런 숭고함을 추구하며 평생을 매진한다.

이러한 예술성의 확보를 위해 무용예술가는 많은 고민과 무수한 시도와 이를 몸으로 구현해내기 위해 긴 세월 동안 수련해야 한다. 발레 이외에 사회의 핵심 구조에 대한 통찰과 안목도 필요하다. "나는 발레밖에 몰라요"라고 말하는 발레리나는 기실 발레도 모르는 것이다. 발레는 공연 순간 사라진다는 점에서 너무도 삶과 닮아 있다. 인간은 이 세상에 몸으로 와서 몸으로 살다가 결국은 알몸으로 흙으로 돌아가는 것이다. 발레 무용가들은 스스로를 영원함 속에서 고생하는 하찮은 존재로 규정하면서 인간의 몸보다 더 중요한 것은 아무것도 없다는 확신을 그 누구보다도 체험으로 하게 된다.

인생은 일회적이고 지나치면 되돌릴 수 없다는 점에서 무용 공연과 너무도 흡사하다. 삶이나 무용이나 허무한 것이지만 그래서 '지금 여기'의 소중함이 더 강조되고, 진실하게 깨어 있으며, 지금 여기를 사는 것이 중요하다. 무용가가 자신의 춤을 즐기며 무대 위에서 움직이듯이 인간도 삶이라는 무대에서 이리저리 춤을 추는 것이다. 발레와 삶은 숭고하기도 하고 사실 허무하기도 하다. '지금 여기'의 소중함을 느끼지 못하는 사람은 영원을 찾아 지금을 희생하거나 지금의 허무에 빠져 삶의 기운을 얻지 못하게 된다. 사실 예술과 삶은 동전의 양면같이 함께 존재한다. 이러한 양면은 서로 다른 시각에서 서로를 보완한다. 호흡은 삶과 무용에서 가장 중요한 것이다.

호흡은 팔 동작으로 연결되고 팔 동작은 시선으로 완성된다. 부드럽고 긴 팔의 동작을 받아서 그 선이 향하는 먼 곳에 시선을 둔다. 즉, 시선이 동작을 완성시키고 무용가와 관객을 연결해준다. 자연스러운 응시에서 눈은 중심을 잡고 얼굴에서부터 똑바로 앞을 보게 된다. 눈을 돌리는 것은 자연스러운 표현을 증가시키거나 변화하려는 목적을 가지는 추가적인 움직임이다.

사지의 움직임과 눈빛의 표현은 같은 의미를 담고 있어야 한다. 가슴에서 시작된 정서는 무용가의 의도에 따라 등을 통해 팔로 운반되어 손끝까지 그리고 그 손끝 멀리 보는 시선과 연결된다. 몸에서 멀리 뻗은 손끝은 시선이 그 선을 확장해서 관객에게 그 에너지를 전달한다. 시선은 감정과 같이 자연스러운 표현을 관객에게 전달한다. 만약 손짓과 눈빛이 연결되지 않는다면 정신과 몸이 합일되어 표현하는 것을 방해하게 된다. 이렇게 손, 눈, 그리고 머리의 움직임으로 의미가 공연자에게서 관객에게 전달된다. 호흡에 의한 동작과 시선에서 드러나는 부드러움은 발레의 예술성에 기여한다.

제3장

발레의 동작

클래식 발레의 동작 원리는 중심과의 관계를 파악하고 대조의 상호 작용에서 나온다(Blasis, 1980). 이를 이해함으로써 위로 뜨고 뛰는 동작을 용이하게 수행하며 또한 다양한 움직임과 동작의 선을 정교하게 만들 수 있다. 또한 대조를 제어하고 그중 하나에 강조를 둠으로써 움직임이 자연스럽게 각자의 속도와 방향을 갖게 한다. 그리고 강조되는 것의 대조를 유지할 수 있는 능력은 제어 능력과 지속된 힘의 작용 그리고 동작의 정교화를 제공한다.

무용가의 움직임의 형태와 동작의 방식은 서로를 보완하고 증진시킨다. 움직임은 형태를 정교하게 만들고, 형태는 무용을 관람하는 관객을 감동시키는 정서를 만든다. 이 감동으로 관객은 발레를 보는 즐거움을 느끼고 공연장을 찾게 된다.

무용예술의 대표적인 특징은 늘 변하고 순간적이며 공연이 끝남과 함께 형태가 사라진다는 점이다. 불완전하게 움직이는 인간의 춤은 완전한 자세로 고정되어 있는 조각이나 건축과는 다른 의미를 띤다. 관객은 불완전하게 움직이는 그 순간을 함께하며 완벽한 정지에서 느끼는 것보다 더 영원을 느낄 수 있다. 발레를 일련의 사진이나 그림을 통해 설명하려는 것은 한계가 있을 수밖에 없다. 이는 역사적인 혁명의 순간을 한 장의 사진으로 나타내려 하는 것과도 같다. 또한 무용가가 실행하고 있는 동작을 말이나 글로 묘사한다는 것도 얼마나 힘들고 한계가 있는지 모른다.

예를 들어 "공중에서 다리는 뻗어 있고 발끝은 푸앙트(pointe)되어 있으며 팔은 열려 있다"라는 동작에 대한 묘사는 그 장면을 알게 하는 데 충분한 정보를 제공하지 못한다. 다리를 뻗거나 또는 팔이 열려 있다면 어느 팔다리를 어느 방향으로 얼마큼 어떻게 뻗고 열려 있는가라는 정보를 제공하고 있지 않다. 설사 동작에 관해 거의 모든 객관적인 사항을 묘사했다 하더라도 작품을 실제로 본 것에 비할 수는 없다. 작품에 대한 묘사가 작품을 못 본 사람들에게 유용한 정보가 될 수 있지만 이것으로 작품의 전후 맥락과 전개 그리고 그 기운을 알기는 어렵다. 그 어떤 설명도 실제 공연이나 연습을 보는 것을 대체할 수 없다. 그럼에도 불구하고, 실제 공연을 봤어도 놓치는 점이 많게 된다. 그래서 관람 행위를 보조하고자 필자는 현장에서 놓칠 수 있는 내용들을 연구했다. 발레의 바와 센터에서 하는 동작의 원리를 설명하고 동작을 가능한 한 명료하게 묘사하는 것이 그 내용이다.

1. 다리의 기본자세

고전 발레 수련의 기본은 발의 다섯 가지 자세이다. 다리와 발은 골반부터 바깥쪽으로 돌린다. '외향(turn-out)'은 발레의 기량을 위해 필수적이라고 할 수 있다. 바람직한 180도 '외향'은 오랜 기간 훈련을 통해서만 가능하고 도는 동작과 뛰는 동작에 필요한 기반인 상체를 꼿꼿이 세울 수 있도록 한다. 이것은 또한 관객이 무용가의 신체를 볼 수 있는 최적의 상태를 제공하기도 한다. 발과 팔의 기호화된 자세들은 신체 형태에 맞는 새로운 구성과 안무를 가능하게 한다. 수세기 동안 개발된 발레의 기술은 일개인의 임의적인 것이 아니고 고전 발레의 기하학에 근거한다. 발레의 외향성과 그 형식의 조화로운 점진성은 유럽 정신을 상징한다.

발레의 많은 동작은 이 다섯 가지 기본자세를 적절히 변형해서 처음 혹은 끝에 사용한다. 즉, 이 기본자세는 거의 모든 발레 동작을 시작하고 끝낼 때 사용한다. 다리의 기본자세를 하는 데 수반되는 어려움은 바로 다리를 외향하는 것이다. 이 다섯 가지 기본자세는 모두 외향을 전제로 하고 있다.

다리의 기본자세 다섯 가지는 모두 허벅지의 외향을 요한다. 외향의 정도는 1번 자세에서 시작해서 2번 자세의 드미 플리에(demi-plié)에서는 더욱 커지며, 그 기능은 골반 관절에 공간을 더 만들어 다리가 3번 자세와 5번 자세를 거치며 교차할 수 있도록 한다.

이 자세(pose)와 함께 발의 자세는 비둘기 발 모양처럼 발바닥이 움츠러들면 안 되고, 발바닥 전체를 쭉 펴서 몸무게가 골고루 분산되게 해야 한다. 만약 발이 움츠러 있다면 몸의 무게를 받을 수 없게 되고 동작을 제대로 수행할 수 없게 된다. 발바닥은 바닥에 뿌리를 내리는 기분으로 바닥을 느껴야 된다.

다리의 다섯 가지 기본자세는 각기 다른 모양이고, 다리의 모양에 따라서 동작이 다양하게 전개된다. 예를 들면 5번 자세에서 다리는 척추에서 꼬리뼈 그리고 뒤꿈치까지 교차된 선으로 연결된다. 몸통의 중심이 잡혀 있으면 무릎과 발목의 움직임은 편안하고 좀 더 자유롭게 실행될 수 있게 된다.

이것은 다리의 다섯 가지 자세로 귀결되며, 쉽게 알아볼 수 있는 다리 동작으로 이어진다. 자세의 근원은 몸통, 골반 관절과 다리 상부인 허벅지에 있으며, 이 에너지를 받아서 발과 다리 사이에 힘이 작용한다.

모든 움직임의 자연적인 끝맺음은 시작 자세로 돌아가는 것이기 때문에 시작점에 무엇이 추가된다면 이는 끝에서도 그렇게 된다. 동작을 하기 전의 준비 자세를 모호하게 하면 그 이후 발생하는 움직임들은 잘 진행되기 힘들다. 몸의 중심선에서의 다섯 가지 기본자세는 모든 움직임의 추진력과 자유 의지를 제공하는 것이고, 그 자체로 중심선에 대한 관계이며 각각 다른 잠재성을 지닌다.

1번 자세

다섯 가지 기본자세 중 1번 자세는 〈사진 10〉과 같이 골반, 무릎과 발을 180도로 외향한 채로 다리 전체를 붙이고 있는 것이다. 이때, 뒤꿈치를 꾹 누르고 발바닥 전체가 지면을 깊게 밀고 있어야 한다. 뒤꿈치에서 시작되어 등을 따라 목의 뒤쪽으로 이어지는 수직선이자 중심선을 무용가 스스로가 느껴서 잘 유지하고 있는 것이 중요하다. 다리는 골반부터 회전하고, 발바닥 전체는 바닥에 뿌리를 내리는 기분으로 바닥을 밀어야 한다. 이것이 바로 1번 자세이다. 두 다리는 관절에서 외향되고 허벅지 뒤쪽으로 유지되며, 무릎은 각각 옆쪽을 향해 외향되어 있고 발도 이를

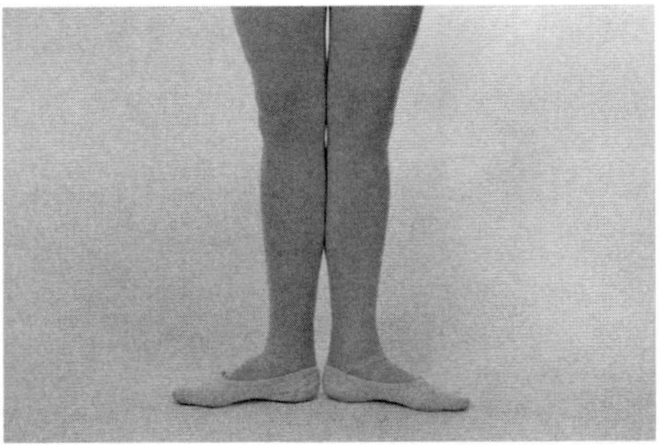

사진 10. 1번 자세

따라 외향한 자세이다. 발의 바깥쪽이 좀 더 약한 쪽이기 때문에 발바닥 전체를 펴서 새끼발가락 쪽까지 확실히 바닥에 붙이는 것이 중요하다. 체중은 발바닥 전체에 고루 실려야 하며, 발가락은 편하게 펴야 한다. 마치 땅에 나무의 뿌리를 깊이 박는다고 상상하면 도움이 된다.

1번 자세는 그냥 서 있는 것처럼 쉬워 보이지만 사실 그렇게 쉬운 자세는 아니다. 몸은 끌어올려야 하고 하체는 외향하면서도 몸의 그 어디에도 긴장되어 있으면 안 된다. 머리부터 발끝까지 온몸의 뼈와 근육은 세심하게 제어되고 있으며 그러면서도 편안해야 한다. 비교적 쉬운 1번 자세도 오랜 기간 수련을 거쳐야 편안하게 수행하게 된다.

2번 자세

2번 자세는 1번에서 두 다리를 어깨 정도의 넓이로 벌린 자세이다. 〈사진 11〉에서와 같이 다리 전체가 외향된 상태에서 양쪽 뒤꿈치의 거리를 벌린 자세이다. 이 자세는 거의 모든 발레 동작의 시발점이다. 발은 1번 자세와 마찬가지로 바깥으로 외향되어야 하고 곧게 뻗어 있어야 하는데 1번 자세보다는 안정적인 자세이다.

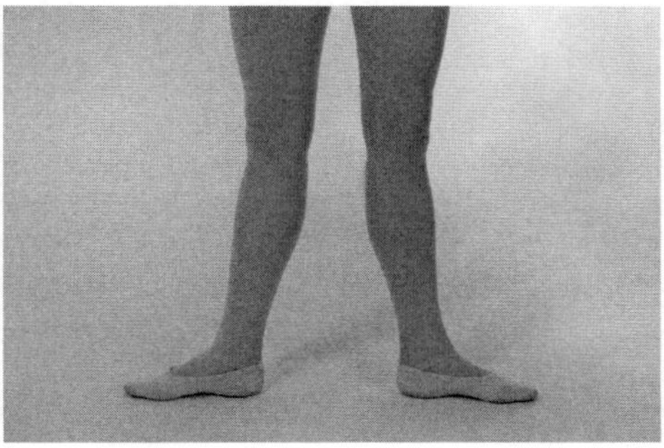

사진 11. 2번 자세

1번 자세와 2번 자세는 다리의 간단한 배열만이 아니다. 이 두 자세는 중력(重力)의 중심에 대한 체중의 각기 다른 정렬이며 각각 다른 잠재력과 기능을 갖고 있다. 1번, 2번 자세를 해보면서 몸의 중심이 어디에 있는지 몸의 중심선이 어디를 지나고 있는지 즉시 느낄 수 있을 것이다. 1번 자세는 몸의 중심이 두 뒤꿈치, 다리 안쪽과 척추 중심선을 연결하고 있는데, 2번 자세는 벌어진 두 다리의 가운데 중심선이 지나고 있음을 알 수 있다. 2번 자세가 1번 자세보다 안정적이고 편한 이유가 바로 이 점 때문이다.

3번 자세

3번 자세는 〈사진 12〉와 같이 두 다리가 외향된 상태에서 앞발의 뒤꿈치가 뒷발의 중간 지점에서 겹쳐진다. 이 자세에서는 골반, 허벅지, 무릎, 종아리와 발목, 발까지 모두 외향해야 하고 다리를 펴야 한다. 이 자세는 발레리나가 두꺼운 허벅지나 종아리를 가지고 있는 경우 실행하기가 어렵다. 따라서 취미로 발레를 하는 사람이나 허벅지에 살이 찐 경우에는 이 동작을 무리해서 실행하기보다는 역량에 맞게 실행하면 된다.

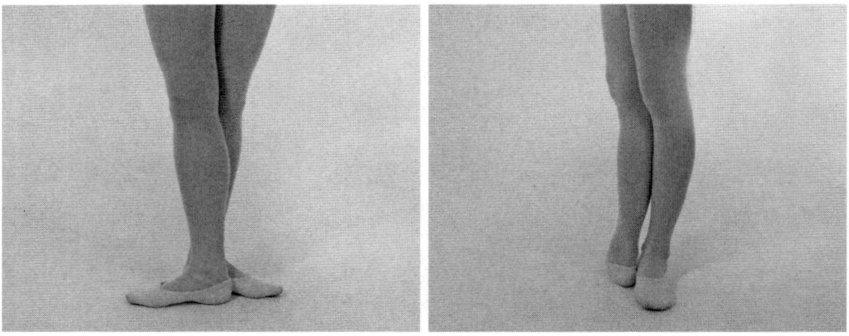

사진 12. 3번 자세

4번 자세

4번 자세는 두 다리를 외향한 상태에서 앞과 뒤로 벌리는 것이다. 4번 자세는 약간의 차이로 두 가지 자세가 있는데, 하나는 열린 4번으로 3번 자세에서 앞과 뒤로 벌린 것이고, 다른 하나는 〈사진 13〉에서 보듯이 닫힌 4번으로 두 다리가 완전히 겹쳐진 5번 상태에서 앞뒤로 벌린 자세이다.

위에서 나선에 대해 설명했듯이 인간의 몸은 앞과 뒤의 자연스러운 대조를 가지고 걷도록 구성되어 있어서 오른쪽 다리가 앞에 나갈 때 왼쪽 팔이 함께 앞으로 뻗게 된다. 다섯 가지의 다리 자세 중에서도 4번 자세는 다리를 앞과 뒤로 간격을 갖는다. 바깥으로 외향된 오른발은 왼쪽 발 앞에 있으며, 두 발은 10~12인치 정도 떨어져 있다. 3번, 4번 그리고 5번 자세는 양쪽으로 다 행해진다. 다시 말하면 무용가가 어떤 경우에는 오른발을 앞에 놓고 다른 경우에는 왼쪽 발을 앞에 놓게 된다는 것이다. 〈사진 13〉에서 시범자가 오른발은 거의 왼발 앞에 위치하고 있지만 이것 역시 왼발을 앞에 놓이게 할 수 있다. 일상생활에서 이 자세를 취할 일은 거의 없지만 발레에서는 아주 기본적인 동작이고, 발레 무용가들은 수련을 거쳐서 이 자세를 자연스럽고 편안하게 실행하게 된다.

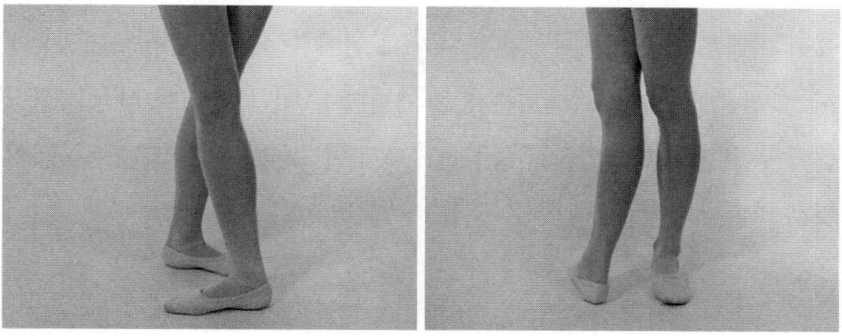

사진 13. 4번 자세

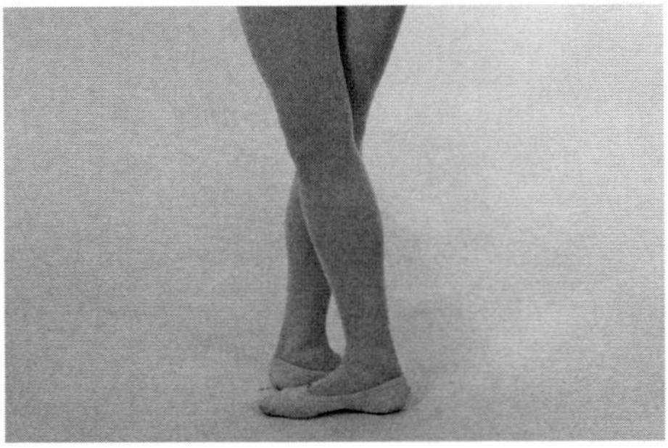

사진 14. 5번 자세

5번 자세

5번 자세는 〈사진 14〉와 같이 두 다리가 외향된 상태에서 완전히 겹치는 것이다. 3번 자세와 유사하지만 뒤꿈치끼리 함께 붙어 있는 것이 아니라 오른발 뒤꿈치가 왼쪽 발가락 앞에 붙어서 위치한다. 5번 자세가 특별한 이유는 모든 방향으로 움직임의 가능성을 가지고 있고, 무용가로 하여금 바닥에 몸의 가장 적은 면적을 대고 몸이 뜨는 것을 가능케 하기 때문이다.

이 자세의 또 다른 중요성은 이것이 나선과 회전의 가능성을 모두 갖는 동시에 어깨의 움직임을 자유롭고 다양하게 한다는 것이다. 5번 자세에서 어깨는 앞의 발에서 맞은편 어깨로 이어지는 선과 뒷발의 뒤꿈치에서 그 맞은편 어깨로 이어지는 선을 체험할 수 있다. 이러한 선들은 상반신에서 교차하며, 교차하는 중심선에서 몸이 유지될 수 있도록 한다. 이것은 바에서의 올바른 연습을 통해 이해되고 체화될 수 있다.

2. 팔의 기본자세

포르 드 브라(port de bras, 팔 동작)는 발레에서 팔의 동작 전체를 말한다. 팔의 형태와 정확한 자세 그리고 위치는 발레의 여러 유파에 따라 다르다. 하지만 팔 동작을 하기 위한 기본자세는 어느 나라나 동일하다. 발레에서 팔의 기본자세는 포르 드 브라를 가장 효율적으로 움직이기 위한 기본자세이다. 발레의 포르 드 브라는 마치 정거장처럼 모든 팔 동작이 기본자세를 경유하면서 진행된다. 팔의 기본자세도 다리의 기본자세와 마찬가지로 쉬워 보이지만 결코 쉽지 않아서 어느 정도의 기간을 수련해야 할 수 있다. 팔 동작이 언뜻 보기에는 직선 같아 보이나 사실은 팔꿈치와 팔목 그리고 각 손가락 관절을 부드럽게 사용해서 곡선을 그리고 있다. 그래서 팔 동작의 부드러움은 내공만큼 드러난다는 말이 나왔을 것이다. 즉, 포르 드 브라는 팔로 만드는 가장 길고 부드러운 곡선인 것이다. 네 가지 기본 팔 자세 모두 동일하게 팔꿈치와 손목이 같은 방향을 향하고 있다.

앙 바

바(bas)는 '밑으로'라는 뜻이고 앙(en)은 '-인 상태로'라는 뜻으로, 앙 바(en bas)는 낮은 팔의 자세를 말한다(Koegler, 1987). 앙 바는 〈사진 15〉와 같이 두 팔을 몸의 아래 허벅지의 앞쪽에 위치시키고 손바닥은 위를 향하고 둥그런 자세를 말한다. 두 팔꿈치 관절을 사용해서 팔을 부드럽게 굽힌 채로 모양을 둥글게 만들고 팔꿈치는 밖을 향한다. 손바닥은 손목 관절을 부드럽게 접는 느낌으로 위를 향하고 있고 손등은 밑을 향해 있다. 손바닥은 마치 공기를 들어 올리는 느낌으로 위를 향하고 가운

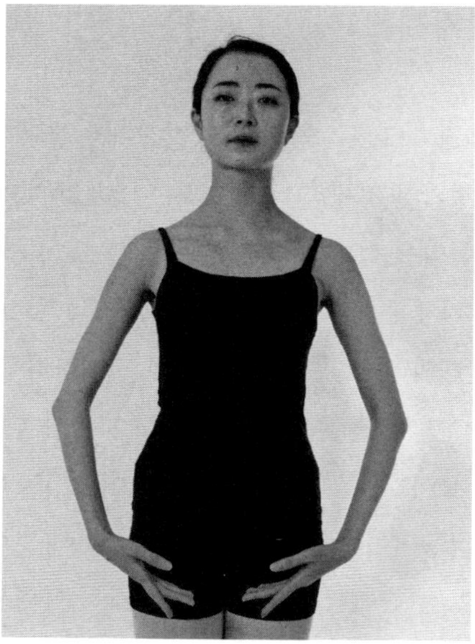

사진 15. 앙 바

데 두 손가락은 10cm 정도로 띄어야 한다.

앙 아방

앙 아방(en avant)은 '앞으로'라는 뜻으로 〈사진 16〉과 같이 두 팔을 가슴 앞으로 둥그렇게 올린 자세를 말한다(Koegler, 1987). 앙 아방은 앙 바의 상태에서 그대로 가슴의 높이까지 올린 것으로 여전히 팔꿈치는 밖을 향하고 있고 손등도 밖을 향하고 손바닥은 자신을 향하고 있어야 한다. 팔꿈치의 둥글린 정도는 무용가의 몸의 형태에 따라서 좀 더 둥글릴 수도, 좀 더 펼 수도 있다. 이때 무용가는 자신의 몸통과 손바닥 사이의 공간에서 만들어지는 에너지를 느낄 수 있어야 한다.

사진 16. 앙 아방

알 라 스공드

알 라 스공드(à la seconde)는 앙 아방 자세에서 그대로 팔을 어깨 옆으로 편 자세를 말한다(Koegler, 1987). 스공드(seconde)는 '두 번째'라는 뜻인데, 이 동작과 직접적인 관련은 없어 보이는 용어이다. 이 용어가 이 동작을 거쳐서 하는 동작이라 이 용어를 쓰게 된 것 같다. 팔의 알 라 스공드는 〈사진 17〉과 같이 어깨선에서 약간 앞쪽이며 또한 어깨보다는 살짝 아래로 드는 것이다. 이 자세는 옆이기는 해도 등보다는 약간 앞이고 그리고 어깨선보다는 약간 아래로 해서 옆으로 편 자세이다. 알 라 스공드는 날개뼈에서 시작해 위팔, 팔꿈치 그리고 손목에서 손끝까지 연결되는 느낌을 가져야 한다. 앙 아방에 비해 큰 자세라서 주의해 보지 않으면 팔을 편 것이라고 오해할 수 있는데 이 자세 역시 팔꿈치와 손목 관절

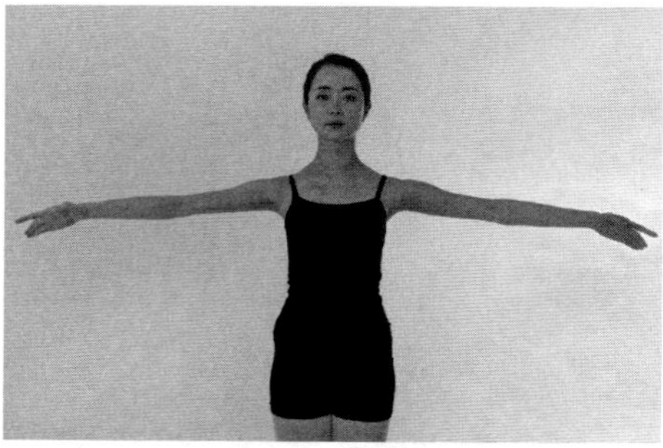

사진 17. 알 라 스공드

을 살짝 굽혀서 부드럽고 긴 곡선을 만들고 있다. 마치 큰 나무를 얼싸안은 것처럼 팔꿈치와 손목은 뒤로 향하고 손바닥은 앞을 향하는데, 엄지손가락이 손바닥의 중심을 가리고 있다. 다른 팔 동작도 같지만 손목의 관절뿐만 아니라 손가락의 각 관절 역시도 부드럽게 사용해야 한다.

앙 오

오(haut)는 '상단'이라는 뜻이고 앙(en)은 '-에'라는 뜻으로, 앙 오(en haut)라는 말은 '위에'라는 뜻이다. 이 동작은 〈사진 18〉과 같이 앙 아방 상태에서 그 모양대로 팔을 머리 위로 올리는 것으로 역시 팔꿈치와 손등은 밖을 향하고 손바닥은 몸을 향한다. 다른 팔 동작에서도 그렇듯이 엄지손가락은 벌리지 않고 손바닥 가운데에서 가운데 손가락과 같은 방향을 향한다. 앙 오는 팔을 머리 위로 들어 올리고 양손은 중심에서 같은 간격으로 벌려 팔꿈치로 둥근 모양을 만드는 자세이다.

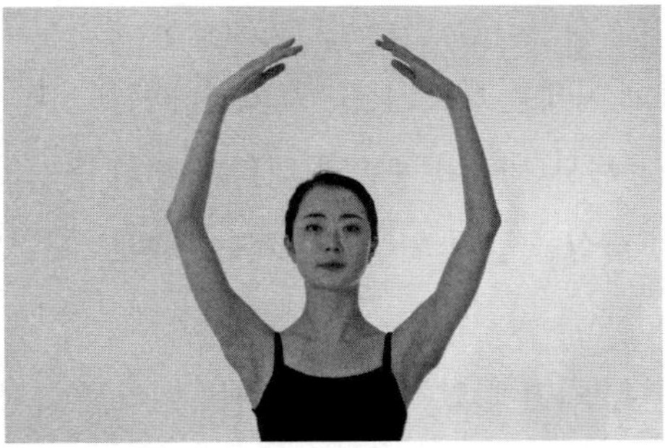

사진 18. 앙 오

3. 바 워크

발레의 수업은 막대기란 뜻의 바(barre)를 잡고 하는 '바 워크(barre work)'와 연습실 중앙에 나와서 바 없이 하는 '센터 워크(center work)'로 구성되어 있다. 바 워크는 바를 이용해서 몸을 바르게 잡고 발레에 필요한 강하면서도 부드러운 몸을 만들기 위한 수련을 하는 방법이다. 또한 바 워크에서는 센터에 나와서 어떤 동작을 해도 몸에 무리가 가지 않게 준비시켜 주는 역할도 한다.

바 워크의 목적은 자세를 바르게 유지하기 위한 것으로, 이는 특정한 포즈와 포지션을 다양하게 수행하기 위한 것이다. 이러한 이유로 기본적인 레슨에서 바 워크는 필수적이다. 바는 몸을 바르게 하기 위해서 바로 잡아야 한다. 바는 무용가가 수련 기간이 쌓여 힘과 제어, 내부 수직선이 발달하게 된 다음에야 가볍게 잡거나 놓을 수 있다. 바가 고정되어 있기 때문에 바를 잡은 손은 몸의 움직임에 의해 재조정되어야 한다.

바를 올바르게 사용하기 위해 바를 잡은 팔과 어깨에는 힘을 주지 말고 어깨와 팔꿈치 그리고 손목을 내려서 아래로 향하게 해야 한다. 그래야 힘을 유지하고 자세를 바르게 할 수 있다. 바를 잡은 팔은 몸을 바르게 유지하게 작용해서 움직이는 손과 다리가 편히 움직일 수 있게 보조한다. 바는 몸의 중심을 잡기 위해 보조하는 것이므로 결코 너무 의지해서는 안 된다.

움직임의 동력은 지면에 있기 때문에 바는 이러한 목적으로는 사용할 수 없다. 이것은 신체의 움직임뿐 아니라 바트망 탕뒤(battement tendu) 혹은 그랑 바트망(grand battement)이라는 다리의 개별적인 움직임에도 똑같이 해당된다. 따라서 무용가는 바 워크를 통해 바닥과 발 사이의 안정성과 진정한 관계를 이해하고 바닥에서 올라오는 힘이 다리를 통해 어떻게 무용의 자세와 움직임으로 연결되는지 파악해야 한다.

바는 발레 무용가가 발레를 배우는 근간이고 발레를 하기 위한 신체의 기본 형태를 잡아주기 위한 것이다. 또한 발레의 핵심 원리와 이를 체화하기 위해 필요한 지식을 명확히 하고 다듬어준다. 더욱이 무용가가 정서적이고 영적으로 성장할 수 있도록 도와 궁극적으로 창의성에 기여한다.

바 워크에서의 내용을 통해 무용가는 각 동작 간의 상호 관계에 대한 몸적인 감각, 즉 고유수용감각을 함양하게 된다. 그럼으로써 전체 동작을 유기적으로 파악해 무용 동작에서 자신이 체험하는 감각의 의미를 규정지을 수 있는 안목을 기르게 된다. 이러한 성장은 연습을 하는 한 지속적인 것이고, 이는 자신이 왜 발레를 하는지 그 목적과도 연결된다. 그 목적은 자신의 삶의 격을 성장시켜 스스로 인격을 갖춘 예술가가 되는 것이라고 할 수 있다. 무용가의 성장과 격은 그가 추는 무용에서 드러난다.

바 워크의 순서는 작고 부드러운 동작에서 시작해서 차츰 크고 강한 동작으로 진행해 나간다. 바 워크는 여러 동작과 표현의 위치와 구조를 잡는 것이기도 하다. 이들을 정교히 다듬는 것이 무용가의 조화로운 성장을 가져온다. 바의 모든 동작은 모두 그 진행이 자연스러운 구성을 만들어내고 각 부분을 개별적으로 연습해 통일된 전체를 만들 수 있도록 되어 있다.

몸의 중심선을 잘 잡아주는 것은 발레에서 필수적인 요소이다. 몸을 바르게 해서 몸의 중심을 잡아야 바 워크가 가능하다. 그래야 무용가는 몸을 주체적으로 움직일 수 있게 되어 바에서 나와 센터 워크를 진행하고 무용가로서 다양한 춤을 출 수 있게 된다.

몸의 좌우 시각적인 대칭은 비대칭적인 근육계와 몸 안에서의 관계로 이루어진다. 이를 통해 무용가의 동작이 아무리 복잡하고 어려워도 무용가가 중심을 잡고 자세를 유지할 수 있게 된다. 이것은 몸의 수평적인 면과 수직적인 성격이 함께 작용해야 가능하다. 이렇게 되면 무용가의 몸이 긴장이나 억지가 없고 수직선을 따라 편안히 쉬고 있다는 느낌을 주게 된다. 이렇게 과학적이며 정서적인 바 워크는 발레가 결국은 신체의 형태를 통해 내면의 차원을 드러낸다는 것을 명료하게 해준다.

바에서 각 동작의 연습은 신체의 일부분을 집중해서 할 수 있게 설계된다. 연습은 보통 앞, 옆, 뒤 그리고 옆의 네 가지 방향, 여덟 번의 단위로 반복된다. 관객이 발레 무용가의 레퍼토리를 구성하는 다양한 발레 스텝을 분류하는 방법은 다음과 같다. 모든 스텝은 기본이 있고, 이를 근거로 다양한 변형을 만들 수 있다는 점이다. 예를 들어 왼쪽 발이 오른쪽 발에서 멀어져 가는 스텝이 있다고 가정하자. 이 동작은 그 방향을 앞, 옆, 뒤로 옮기는 것으로 변형될 수 있고 머리, 어깨와 팔의 다양한 자세로도 달리할 수 있다. 따라서 진정으로 훌륭한 공부는 아주 간단하게라도 실제 발레 공연에서 볼 수 있는 스텝이나 동작을 해보는 것이다.

발바닥은 몸과 공간이 만나는 바로 그 지점이다. 테이블의 안정성을 위해 테이블의 다리가 바닥과 온전한 관계를 갖는 데에 의존하는 것과 같이 무용가의 안정성과 동작 역시 발이 바닥에 닿으며 갖는 관계에 의존하게 된다. 무용을 연마함에 따라 몸의 무게를 발바닥에서 받아 바닥과의 관계를 유지하는 감각 또한 발달한다.

무용가는 바 워크를 통해서 다음과 같은 점을 체험하게 된다. 우선은 신체의 질량이 직립선에 따라 적절히 재배열되기 때문에 몸은 스스로를 유지할 수 있게 되어 다리와 등이 강화된다. 그렇게 되면 어려운 동작을 수행해도 정적인 가벼움과 편안함이라는 경이로움을 느끼게 된다. 또한 무용가는 하체만 외향시키는 것이 아니라 마음도 안에서부터 바깥으로 활짝 열리는 것을 체험하게 되며 세상을 향해 자신을 여는 느낌을 갖게 된다.

클래식 발레의 형태는 대조의 상호 작용으로 가장 잘 설명된다(Clarke, & Crisp, 1992). 하지만 기량의 형태와 속도를 유지시키기 위해 근육을 수축시키거나 긴장시켜서는 안 된다. 수련이 잘된 무용가는 자유자재로 대조와 상호 작용 그리고 근육을 부드럽게 사용할 수 있다. 바에서 무용가는 센터 워크를 위해 대조의 상호 작용이라는 개념을 필수적으로 연마하고 경험한다. 그럼으로써 몸의 특정 부분에 의식을 집중하는 것으로 창출되는 힘이 제어와 가벼움, 그리고 동작을 자연스럽게 해낼 수 있는 능력을 갖게 된다.

플리에: 중력과 항력의 관계

플리에(plié)는 '굽힌다'는 뜻으로 발의 다섯 가지 기본자세에서 무릎을 옆으로 구부리는 동작을 말한다. 드미 플리에(demi-plié)는 뒤꿈치가 바닥에서 떨어지지 않게 무릎을 반만 굽히는 것이고, 그랑 플리에(grand-plié)는 뒤꿈치가 들리게 무릎을 완전히 굽히는 동작을 말한다.

준비 자세와 각 부분의 위치를 살펴보자. 다리와 발은 아래쪽으로 뿌리를 내리는 기분으로 늘이고, 반대로 고관절은 위쪽으로 들어 올려 다리를 양쪽으로 쭉 뻗으며 스트레칭을 유지한다. 몸이 전체적으로 들어 올려지는 것은 발이 땅을 누르는 압력과 횡격막으로 반대쪽 압력을 주는 것, 엄밀히 말하면 갈비뼈들이 연결되는 흉골의 기저 부분에서의 압력에 의해서이다.

이러한 위로 끌어올리는 자세를 유지하는 것은 몸이 아래로 내려가고 있을 때도 마치 몸이 위로 떠오르는 듯한 모습을 보여준다. 이 점 때문에 플리에를 위쪽으로 도약하는 동작으로 설명하는 경우가 많다. 이렇게 아래와 위로 진행되는 플리에 동작에서 중력의 법칙이 작용해 동작의 핵심 원리를 파악하게 하고, 그리하여 그랑 플리에 수행 시에도 몸이 바닥에 밀착되는 걸 방지해주게 된다. 이러한 내려가는 힘과 올라가는 힘의 상호 작용으로 플리에의 근본적인 목적인 뛰어오르는 동작을 위한 준비 동작으로 도약 전에 반드시 이행되어야 하는 동작이다.

발을 평행으로 두고 앞으로 뻗는 움직임을 통해 지지된 신체는 일반적으로 수직보다 좀 더 앞으로 향하는 각도로 서 있게 되고 체중은 발 전체에 실린다. 다리가 바깥으로 외향하기 전에 그리고 발을 뻗었다가 거두기 전에 정렬의 변화가 일어나야 한다. 몸은 중력의 중심이 변화함에 따라 이에 맞추어 재정렬되어 외향을 한 후 중심축에 맞추어 서야 하는 것이다. 이를 분명히 이해하는 것은 기술을 자연스럽게 개발하는 데 필수적이다.

두 발을 나란히 붙이고 서서 뒤꿈치에서 척추의 시작 부분, 그리고 뒷

목까지 곧은 선을 유지한다. 여기에서 이 중심선은 수직선과 비교하면 약간의 각도 차이를 보인다. 체중이 발가락 위에서 뒤꿈치 쪽으로 실리도록 몸의 무게를 살짝 뒤로 한다. 이렇게 섬세하게 중력의 중심을 잡고 움직임에 따라 중심 수직선이 변화되는 것을 몸이 이해하고 적응할 수 있게 바 워크를 해야 한다.

다섯 가지의 기본자세로 플리에를 실행할 때 골반 관절에서부터 허벅지, 무릎 그리고 발까지 외향을 유지하고 있어야 한다. 이런 방식으로 레슨을 받고 오랜 기간 수련을 통해 발레 무용가의 다리 근육은 발레의 움직임을 수행할 수 있는 외향을 유지할 수 있게 되는 것이다.

클래식 발레에서는 드미 플리에를 주로 했지만, 다리에 유연성과 신장성을 단련시키기 위해 그랑 플리에가 개발되었다. 또한 모든 다리 자세에서 다리의 외향과 몸의 균형감을 수련하고 이에 익숙해지면 동작이 자연스러워진다.

먼저 왼손으로 바를 잡고 정면을 보면서 다리의 기본자세인 1번부터 5번까지 연속적으로 플리에 동작을 실행한다. 보통 천천히 지속적으로 절반 정도 무릎을 아래로 굽혔다 다시 펴는 드미 플리에를 먼저 하고 다음에 무릎을 완전히 구부렸다가 뒤꿈치를 바닥에 대고 펴는 그랑 플리에를 한다. 포르 드 브라(port de bras) 또는 팔의 이동은 신체의 틀을 잡게 한다. 주로 팔은 다리가 구부러질 때 앙 바(en bas)로 내려가고 다리를 펴면서 몸이 올라올 때 팔은 앙 아방(en avant)으로 신체를 들어 올리는 데 함께 한다. 하지만 발과 팔 동작의 조화의 유형은 다양하고 자유롭게 구성할 수 있다.

2번 자세에서 바의 바깥쪽 다리는 옆으로 연장되어 무용가의 한 발 반 정도의 간격을 두고 바닥에 놓는다. 바 쪽의 다리는 기둥이 되고 바의 바깥쪽 다리는 움직임을 진행한다. 앞서 설명한 것과 유사한 방식으로 움직일 때마다 몸과 바의 간격과 중심선이 적절하게 조정되도록 한다. 2번 자세에서 다리는 중심에서부터 같은 간격을 두고 벌어져 있다. 이 자세는 1번 자세와 마찬가지로 골반 관절에서 시작해 다리를 통해 바닥에 놓인 발의 외향된 자세로 연결된다. 이것을 몸으로 터득하고 이해해야 한다.

다리 자세는 골반을 통해 이루어질 뿐만이 아니라 다리 전체의 완전한 외향으로 유지된다. 바닥에 놓인 발의 자세는 골반과 다리의 연장선이라 할 수 있으며, 발은 바닥의 힘과 연결되어 자신의 역할을 해낸다. 몸의 중심선은 두 다리의 가운데 있고 바는 이것을 유지할 수 있게 도와준다.

플리에의 아래쪽으로 굽히는 동작에 맞서서 몸을 위로 펴는 자세는 외향이 유지되어야 한다. 아래쪽을 향한 동작은 고관절, 무릎, 그리고 발목, 이 세 관절의 각도를 맞추면 이루어질 수 있다. 아래쪽으로 굽히는 동작은 허벅지를 바깥쪽으로 외향하면서 무릎을 발 위쪽으로 굽히는 동작이다. 서는 동작은 몸이 떠오르면서 이완이 진행되고, 관절의 각도로 다리에 탄력을 주는 동작이다. 그다음에 다리는 일자로 펴지며 전후 과정과 현재 일어나고 있는 동작들에 맞추어 각종 동작이 따라온다. 그랑 플리에는 무용가를 수련시키는 데 주로 사용되며, 무대 위에서는 잘 쓰지 않는 동작이다.

플리에는 허벅지 근육이 바깥쪽을 향하게 해서 늘이며 고관절을 연결해주는 동작이다. 드미 플리에를 좀 더 자세하게 탐구해 보자. 드미 플리에에서는 허벅지가 바닥과 이루는 각이 45도가 되어야 하며, 그랑 플리에에서는 허벅지가 바닥과 거의 평행이 되어야 한다. 그랑 플리에에서 뒤꿈치가 바닥에서 뜨기 전에 이와 같은 허벅지 자세를 취하는 것이다.

플리에는 무릎 관절의 사용이 많고 다리 움직임을 제어하는 데 요구

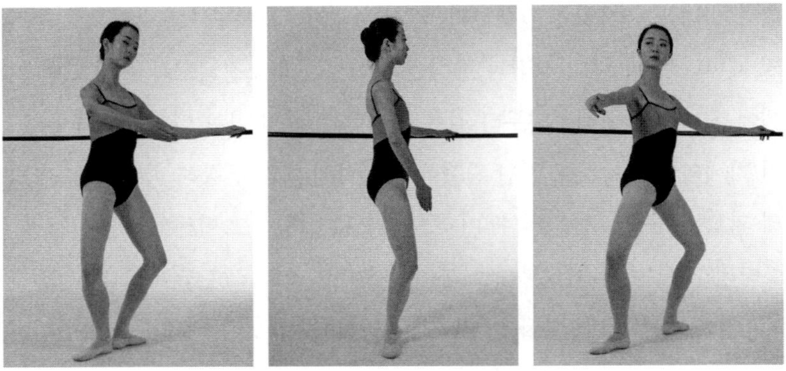

사진 19. 1번, 2번 자세에서 드미 플리에

되는 만큼 무릎의 탄력과 힘을 유지해야 한다. 다리선을 정확히 유지하기 위해서는 고관절이 무릎, 뒤꿈치와 발 위에 맞추어 나란히 정렬되어야 한다.

허벅지와 무릎이 발의 앞쪽 오목한 부분 쪽으로 향하는 것에 주의해야 한다. 이 자세는 잘못된 것으로 허벅지에서 시작해 발에도 영향을 미친다. 이로 인해 바깥쪽의 새끼발가락 부분의 균형을 약화시켜 다리 뒤쪽 부분을 제어하는 데 어려움을 준다. 이를 방지하기 위해 네 번째 발가락에 무게가 실리게 하면 발 전체에 같은 압력을 유지할 수 있게 된다.

드미 플리에는 〈사진 19〉와 같이 허벅지의 바깥쪽 움직임을 지속하면서 허벅지 선이 45도를 유지한다. 그랑 플리에는 45도를 넘어서 바닥과 점차 평행하게 된다. 몸을 들어 올리는 것을 유지하는 것은 플리에 동작이 주저앉아 버리는 것을 막아주며 몸의 제어를 가능하게 해준다. 드미 플리에를 하면서 뒤꿈치가 바닥을 뜨는 순간에 체중이 두 다리에 동일하게 실려야만 중심축에서 유연성과 탄력성을 살릴 수 있다. 체중이 한 다리에만 실린다면 몸이 앞쪽이나 뒤쪽으로 기울어지면서 중심을 잃게 된다. 허벅지를 바닥과 평행하도록 바깥쪽으로 뻗을 때에도 신체는 위로 들어 올리는 느낌을 유지해야 한다. 결과적으로 드미 플리에에서 그랑 플리에로 넘어가지 않도록 제어하고 뒤꿈치는 바닥에 단단히 고정시키고 등에서 다리까지 완전히 뻗을 수 있도록 해준다.

가장 중요한 점은 용수철의 원리와 같이 바닥을 밀어젖히는 작용과 올리거나 뛰는 동작인 반작용의 원리이다. 용수철을 누르고 있는 힘을 제거해야 용수철은 완전히 튀어 나가게 된다. 여기서는 용수철 역할을 하는 것이 플리에 동작을 한 무용가의 몸이라고 할 수 있다. 즉, 플리에를 해야 도약과 위로 서는 것이 가능하다. 도약 시 플리에를 하지 않고 다리를 펴고 있으면 다리가 전체 체중을 밀어내면서 들어 올려야 하며 엉덩이와 허리 하부에 대한 제어력을 잃게 된다. 드미 플리에를 하면 신체의 모든 부분이 바닥을 이용해 제대로 된 힘을 받아 몸을 가볍고 쉽게 들어 올릴 수 있게 된다. 이 드미 플리에 동작은 를르베(relevé)와 도약 동작의 준비 동작으로 점프와 연결된다(〈사진 20〉 참조).

그랑 플리에에 대해 알아보자. 2번 자세의 그랑 플리에는 허벅지를 45도 각도로 들어 올리고 계속해서 바닥과 평행을 이룰 때까지 그 자세를 유지한다. 2번 자세에서의 그랑 플리에는 다른 자세에서의 그것과 다르게 뒤꿈치를 바닥에서 떼지 않으며 발 전체가 바닥에 단단히 고정되어 있어야 된다. 이 플리에 자세를 통해 고관절의 외향과 하체 동작의 확장이 가능하다. 또한 뒤꿈치가 바닥에 맞붙어 있기 때문에 아킬레스건의 스트레칭도 동반된다.

다리 2번 자세의 간격이 벌어지면 외향에 도움을 주고, 간격이 줄어들면 아킬레스건의 스트레칭이 더 많이 이루어지게 된다. 이는 무용가가 때마다 필요한 것이 무엇인지 판단해서 벌어짐의 정도를 수행해야 한다

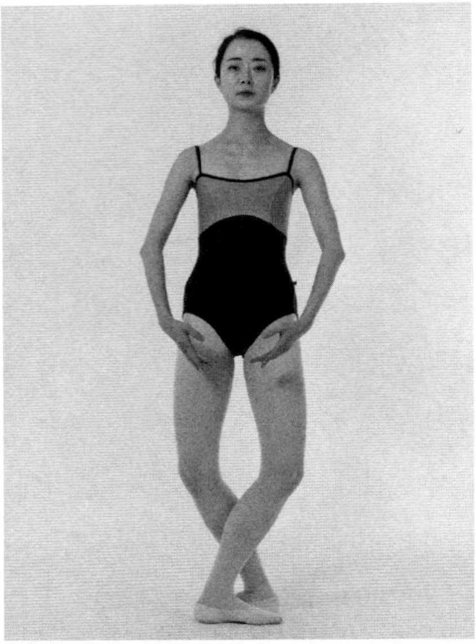

사진 20. 5번 자세에서 드미 플리에

는 것을 말한다. 몸을 위로 올리는 리프트 동작은 아래쪽을 향한 중력에 저항해야 하고, 역으로 그랑 플리에 동작은 위로 끌어올리는 힘을 유지해야 한다. 드미 플리에를 통해 떠오르는 동작을 수행해야 센터에서 몸을 공중으로 완전히 뻗을 수 있게 된다.

3번 자세에서 그랑 플리에는 5번 자세의 그랑 플리에와 유사한데 다리가 수직선을 지남에 따라 그 차이가 드러난다. 두 다리를 외향해서 완전하게 겹친 5번 자세에서의 특정한 관련성과 발과의 접촉 때문에 3번 자세보다는 5번 자세가 더 어렵다. 하지만 5번 자세는 발레 동작의 원칙인 끌어올림과 외향을 행하기에 가장 적합한 것이다. 따라서 어린 학생이나 아마추어에게는 3번 자세에서 그랑 플리에를 연습시키기도 하지만 전문 무용가는 주로 5번 자세에서 그랑 플리에를 실행한다.

1번 자세에서 다리를 앞뒤로 벌리는 '열린 4번 자세'에서의 그랑 플리에에서는 뒤꿈치가 내내 바닥에 위치한다. 2번 자세와 달리 허벅지가 바닥과 평행을 이루지 않고 뒤꿈치가 바닥에 고정되어 있는 동안 허벅지는 45도 이하로 유지되어야 한다. 여기서 몸은 중심선에 위치해 있어야 하고, 허벅지가 동일한 동작을 이행하듯 체중은 두 다리에 고루 실려야 하며, 두 발바닥은 바닥에 단단히 고정되어야 한다. 이 플리에는 외향에 유용하며 뒤꿈치의 아킬레스건을 충분히 늘여준다. 또한 5번 자세에서 다리를 앞뒤로 벌리는 '겹친 4번 자세'에서 드미 플리에는 몸이 틀어지지 않게 중심을 잘 잡아야 하고, 그랑 플리에는 중심을 잡는 것과 동시에 깊이 내려가서 허벅지를 외향하는 것, 그리고 끌어올림을 유지해야 하는 등 복잡한 동작 원리를 몸으로 알고 실행해야 한다. 여기서 다시 한 번 강조하는 것은 플리에를 실행해서 몸이 내려가는 중에도 항상 몸을 끌어올리고 있어야 다리가 자유롭게 동작을 수행할 수 있다는 점이다.

몸의 어떤 부분을 움직인다는 것은 다른 신체 부위의 제어를 통한 결과이다. 예컨대 4번 자세의 드미 플리에에서 뒤꿈치를 바닥으로 누르는 느낌은 어떤 원칙대로 신체를 사용한 결과이다. 즉, 고관절과 허벅지, 무릎 그리고 발을 올바로 사용함으로써 얻을 수 있는 것이다. 발레를 배울 때 어떤 동작과 그에 대한 결과를 혼동하는 것은 몸의 각 부분에서 터득하는 고유수용감각을 막는 일이 되고 동작의 발전에 저해가 될 수 있다.

발의 다섯 가지 자세가 제각기 다른 모습이며 다리를 늘이는 것도 그러한 체형들의 표현임을 이해하는 것은 필수적이다. 어깨에서 뒤꿈치까지 이어지는 교차선에서 다리를 뻗는 5번 자세가 가장 극명한 예이다. 몸통에서의 움직임이 사지의 움직임을 인도하고 있고, 무릎과 발목의 움직임은 이차적인 동작이다.

5번 자세에서의 그랑 플리에에서 체중이 두 다리에 똑같이 분배되는 것은 중요한 일이다. 중력의 중심에서 몸을 들어 올리기 때문에 무용가가 두 다리의 지지를 통해 서 있지 않다고 생각할지도 모르나 이는 두 다리를 자유롭게 해서 다양한 동작을 수행하게 하기 위해서이다. 몸의 끌어올림이 그랑 플리에를 가능하게 해줄 뿐만이 아니라 다양한 다리 동작과 복잡한 배치를 가능하게 해준다.

그랑 플리에는 〈사진 21〉과 같이 아래쪽과 위쪽으로 동일하게 자세를 지속시킨 채 근육에 대한 지속적인 동작을 요구하며, 특정 깊이로 굽히자마자 곧바로 떠오른다.

1번 자세에서 허벅지의 바깥쪽 근육의 사용이 중요한데 1번 드미 플리에에서 허벅지를 더 밖으로 사용하면 그 지점에서 뒤꿈치가 바닥에서 뜨기 시작한다. 뒤꿈치가 바닥에서 떨어지는 과정이 지속되면서 뒤꿈치를 들어 올리는 동작의 주체가 발이 아닌 허벅지가 되어야 한다는 것을 인지해야 한다. 만약 발을 사용해 뒤꿈치를 들어 올리면 체중이 무릎에 실리면서 드미 플리에를 통해 돌아오는 동작이 어려워지게 된다.

몸을 위로 끌어올리는 것은 중력으로 인한 아래쪽 동작에 대한 저항으로 작용한다. 몸이 올라오면서 다리는 드미 플리에(뒤꿈치가 바닥에 다시 고정되는 것) 동작을 취하게 된다. 이 동작을 거쳐서 다리가 완전히 펴지고 발바닥은 바닥을 누르듯 밀어주는 기본 동작으로 돌아온다. 위로 들어 올려서 기본자세로 돌아오더라도 그 자세에서 위쪽을 향한 몸의 끌어올림은 지속되어야 한다.

플리에와 동반되는 포르 드 브라는 다양하며, 이에 대한 연구가 더 진행되어야 한다. 준비 동작에서 포르 드 브라 없이는 그 어떤 자세에서도

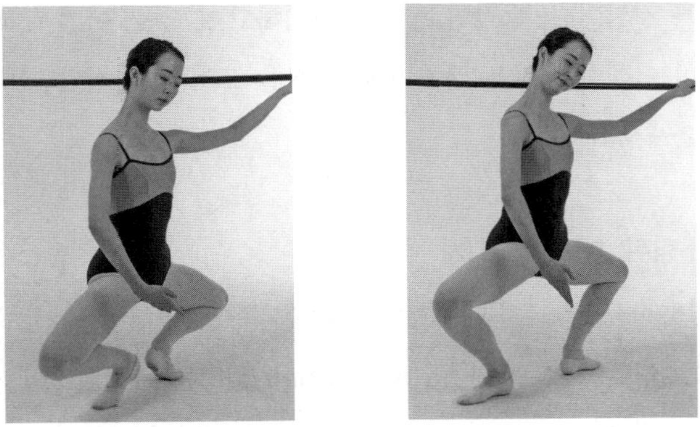

사진 21. 1번, 2번 자세에서 그랑 플리에

드미 플리에가 이행될 수 없다. 마찬가지로 그랑 플리에도 일반적으로 포르 드 브라와 함께 동작이 진행된다. 각 자세마다 다른 팔 동작이 동반되어 실행된다.

가장 일반적인 그랑 플리에와 함께 되는 팔 동작은 알 라 스공드로 시작하며, 거기서 앙 바와 앙 아방을 거쳐서 알 라 스공드로 돌아간다. 포르 드 브라는 손과 머리 동작을 필수적으로 동반한다. 머리와 연결된 포르 드 브라를 올바르게 행하는 것은 등을 조화롭게 사용하게 해주고 그랑 플리에 진행 중에 몸이 균형을 잡게 돕는다. 포르 드 브라는 신체 동작에 감성과 영성을 부여함으로써 동작을 예술로 승화시키는 역할을 가장 확실하게 한다.

이로써 발의 다섯 가지 자세에서 드미 플리에와 그랑 플리에의 원리와 기본적인 형태들에 대해 설명했다. 플리에 동작을 갈고 닦는 것은 발레에서 가장 중요한 기초를 확립하는 것이고, 어려운 동작을 가능하게 해주는 것이며, 또한 동작에 힘을 실어주는 것이다.

무용가가 취하는 자세의 대부분은 관객의 눈에 보이지 않는 제어와 노력에 따른 결과이다. 동작의 원리를 이해하고, 그것을 어떻게 해야 하는지 정확히 이해하지 않은 채 어떠한 동작을 그저 따라 한다면 발레의 성장은 이룰 수 없게 된다.

바트망 탕뒤: 부드럽고 길게

바트망(battement)은 '때리거나 찬다'는 뜻이고, 탕뒤(tendu)는 '긴장된'이라는 뜻으로 바트망 탕뒤(battement tendu)는 다리의 5번 자세에서 한 다리를 각 방향으로 길게 뻗었다가 다시 제자리로 돌아오는 동작을 말한다. 바트망 탕뒤는 바트망이라 이름 붙여진 일련의 동작과 연장 동작으로 분류된다. 즉, 발을 구부리지 않고 길게 뻗는 동작으로 움직이는 다리는 기둥 다리와 멀어졌다가 다시 제 자리로 돌아오는 것을 반복하는 것인데 여러 가지 변형을 할 수 있다.

〈사진 22〉와 같이 이 동작을 할 때는 두 다리가 외향을 유지한 채 각 방향으로 길게 뻗어야 하는데, 발끝이 땅에서 들리지 않을 때까지만 다리를 뻗으면 된다. 방향은 주로 앙 크르와(en croix), 즉 십자 모양으로 앞, 옆, 뒤, 옆으로 실행한다. 좀 더 구체적으로 묘사하면 왼손으로 바를 잡고 오른 다리 앞으로 5번 자세를 한 것이 준비 자세인데, 이 자세에서 오른 다리를 전혀 구부림 없이 앞으로 쭉 뻗었다 제자리로 돌아오는 동작이다. 이렇게 옆으로 쭉 뻗었다가 5번 자세로 돌아오고, 뒤로 뻗었다가 5번 자세로 돌아오고, 마지막으로 옆으로 뻗었다가 돌아오면 네 번의 동작 한 세트가 마무리된다.

플리에가 아래위 수직적으로 움직이는 동작인 것에 반해, 바트망 탕뒤는 몸의 중심을 유지한 채 다리가 앞, 옆, 뒤 등 여러 방향으로 움직이는 동작이다. 중심축에서 앞, 옆, 뒤뿐만이 아니라 사선 등 여러 방향으로

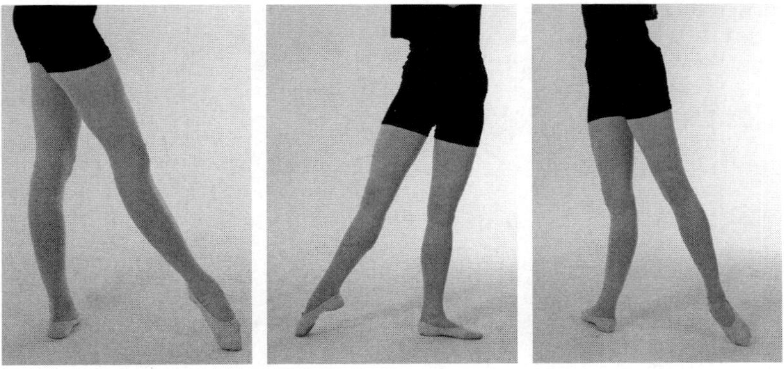

사진 22. 바트망 탕뒤 드방, 알 라 스공드, 데리에르

변형 동작이 이행된다. 가장 근본적이면서 우선 고려되어야 할 것은 바트망 탕뒤로 발끝만이 아닌 다리를 함께 쭉 뻗는 것이다. 여기에서 바트망 탕뒤를 위한 추진력이 다리 맨 위 허벅지 안쪽에서부터 뒤꿈치로 이어진다는 것을 이해하는 것이 중요하다. 앙 크르와의 갖가지 자세를 가능하게 하는 것이 뒤꿈치이다. 움직이는 다리는 뒤꿈치부터 시작해서 다리가 밖으로 쭉 뻗어나가며, 고정된 발의 뒤꿈치는 바닥에 잘 닿아서 중앙선을 지키고 있어야 한다. 이 동작은 발끝이 바닥에 닿는 데까지만 진행된다. 움직이는 다리는 몸의 중심에서 최대한 뻗어 나간다. 이 바깥쪽 동작과 그 동작이 시작된 처음 자세로 돌아가는 것은 기량을 향상시키는 데 필수적이다.

바트망 탕뒤 동작을 하는 과정에서 몸의 중심은 기둥 다리에 있어야지 동작을 하는 다리로 옮겨서는 안 된다. 움직이는 다리를 최대로 뻗었을 때 발가락이 덜 펴지거나 안으로 움츠러들면 안 된다. 발끝이 바닥에 닿는 것은 균형을 잡기 위한 것일 뿐 그 이상 몸의 중심이 이동되어서는 안 된다.

바트망 탕뒤의 옆으로 뻗는 동작은 외향이 어떻게 다리를 통해 지속되는지를 잘 보여준다. 다리의 1번 동작에서 무릎은 발 위에서 바깥쪽을 향하고 발은 허벅지의 바깥쪽 회전을 반영한다. 움직이는 다리가 옆으로 뻗어 나가면 그 다리를 받쳐주는 기둥 다리에서 멀어지고 발, 무릎과 골반은 계속해서 외향을 유지하고 있어야 한다. 외향은 다리가 제자리로 돌아오는 동작에서도 동일하게 유지되어야 한다.

이 동작의 시작점과 동작 끝에서 다리를 통한 아래쪽으로 가해진 압력과 횡격막을 통한 끌어올림은 몸의 균형을 잡고 동작을 실행하는 데 도움을 준다. 동작을 추진하는 힘은 두 다리와 발을 통해 지면을 미는 힘이기 때문이다.

바트망 탕뒤 동작에서 십자가 형태로 앞, 옆, 뒤 그리고 옆 방향으로 동작을 하면 그것은 앙 크르와라 불리는 구성이다. 이 동작은 다리 1번, 3번, 5번 자세에서 다 시작될 수 있고 취해질 수 있다. 3번과 5번 자세에서의 동작은 동일하지만 5번 자세에서 하는 것이 더 힘들다. 그 이유는 다리가 수직선에서 더 먼 교차점을 지날 것이고, 결과적으로 신체의 균형을 유지하는 데는 더 큰 주의가 필요하기 때문이다.

5번 자세로부터 바트망 탕뒤 앙 크르와를 살펴보자. 〈사진 23〉과 같이 비록 앞, 옆, 뒤의 동작이 같은 방식으로 시작하지만 몸통과 다리 맨 위쪽으로부터 근육 반응과 연장은 각 방향에서 다른 양상을 보인다. 앞쪽으로는 다리의 아래쪽이 바깥쪽 회전 때문에 가장 강하게 스트레칭되어 고관절부터 뻗어서 뒤꿈치 아래가 들어 올리는 걸 느낀다. 다리의 맨 윗부분에서 시작해 앞쪽으로의 움직임은 뒤꿈치를 따라가는 것처럼 이어지며, 다시 5번 자세로 돌아가면서 발가락은 뒤로 당겨지는 듯한 느낌을 받는다. 이 동작으로 외향이 유지되며 5번 자세의 시작과 끝이 명확해진다.

사진 23. 바트망 탕뒤 앞 동작의 방향과 팔의 변형

여기서 주의해야 할 것은 움직이지 않는 기둥 다리가 5번 자세로 중심을 잡고 있어야 한다는 것이다. 이 동작을 앞으로 했을 때는 움직이는 다리의 발끝은 지지하는 발의 가운데, 즉 배꼽 앞의 방향에 놓이게 된다. 바트망 탕뒤가 시행되어서 움직이는 다리가 가장 길게 있을 때에도 무게중심은 지지하는 다리에 있어 뻗은 다리를 즉시 들어도 중심에 아무런 영향을 주지 않아야 한다. 바트망 탕뒤에서 허벅지가 각각 밖을 향해 외향해 있을 때에만 다리는 다시 5번 자세로 돌아갈 수 있고, 그래야 바트망 데가제(battement dégagé), 그랑 바트망(grand battement), 데벨로페(développé) 등의 동작으로 확장될 수 있다.

바트망 탕뒤 옆은 다리 맨 윗부분에서 시작된다. 1번 자세에서 발로 바닥을 누르며 2번 자세의 위치까지 쭉 뻗는다. 지지하는 발은 발가락을 넓게 펴서 바닥을 굳건히 지지하고 있어야 하고, 동작을 하는 다리의 발바닥은 바닥을 쓸어서 뻗고 발끝이 바닥에 접촉한 상태를 유지할 수 있는 한 가장 멀리까지 뻗는다. 뒤꿈치는 1번 자세를 취하는 과정 동안 가능한 한 오래 바닥에서 뜨지 않아야 한다. 이를 통해 발의 유연성과 다리의 곧고 긴 형태를 만들 수 있다. 동작을 하는 동안 지지하고 있는 발의 뒤꿈치는 바닥을 깊이 누르는 듯한 느낌으로 서 있어야 한다.

옆쪽으로 뒤꿈치를 포함한 발이 바깥으로 뻗었을 때 지지하는 다리의 안쪽 근육이 가장 길게 펴지게 된다. 특히 움직이는 발목의 위쪽이 완전한 스트레칭 단계에 도달할 것이다. 이렇게 발목 위가 완전하게 펴져서 튀어나온 것을 한국식 표현으로는 '고가 나왔다'라고 한다. 무릎 뒤쪽을 팽팽하게 늘이는 것이 중요한데, 그 이유는 무릎 앞쪽 부분을 최대한 당겨줘서 슬개골이 다리의 뒤쪽 부분에 자리해서 완전히 펴지도록 하기 위함이다. 이렇게 하면 무릎이 앞쪽에서부터 위로 당겨져서 허벅지를 과도하게 발달하게 하는 잘못된 동작을 막아줄 수 있다. 무릎 뒤를 팽팽하게 펴는 것은 앙 크르와의 모든 단계에서 해야 하며, 지지하는 다리도 다리의 아래쪽과 위쪽이 가능한 늘어날 때 다리가 팽팽하게 펴지게 된다.

바트망 탕뒤 옆으로 편 상태에서 5번 기본자세로 돌아갈 때 지지하는 다리는 1번 자세를 취할 듯한 자세를 취하고, 뒤꿈치가 1번 자세에 다다를 때 허벅지는 지지하는 다리를 지나서 5번으로 간다. 외향이 유지되는 동안 발바닥은 바닥을 누르는 듯한 느낌을 받는다.

바트망 탕뒤 뒤로 하는 동작은 다리 맨 윗부분에서 시작되어 뒤꿈치와 발바닥이 들리고 발끝만이 땅에 닿을 때까지 뻗는다. 5번 자세에서 외향을 유지하고 뒤의 방향으로 늘리는 것이 앞이나 옆보다 훨씬 어렵다. 각별한 주의 사항은 무릎과 발이 외향한 상태에서 동작을 진행해야 한다는 점이다. 이 동작을 하면 지지하는 다리의 앞쪽이 늘어나는 것을 알 수 있다.

이러한 늘어남을 촉진하기 위해 다리가 뒤쪽으로 나갔을 때 몸과 다리가 사선(斜線)이 되어야 한다. 즉, 다리가 뒤로 가면 몸은 약간 앞으로 숙여야 한다. 끌어올림은 그 어떤 동작보다 선행되어야 한다. 중심에서 행하거나 거기서 벗어나는 그 어떤 동작도 우선은 끌어올림을 확인한 후에 행해야 한다. 왜냐하면 이는 중심축을 확실히 해주기 때문이다. 뻗었던 다리를 기본자세로 가져오면서 몸은 그 중심축을 더욱 공고히 해서 몸을 바로 세우게 된다.

바트망 탕뒤는 다리 5번 기본자세로 시작해서 앞, 옆, 뒤, 옆 방향으로 동작을 하고 다리를 5번 자세로 끝낸다. 바트망 탕뒤가 실제로는 모든 형식을 갖추고 있어야 하지만 그 리듬 구조는 세 가지이다. 그 구조는 음악적으로 다양한 방법으로 배열될 수 있지만, 기본은 첫째 바깥으로 나가는 동작, 둘째 자세 유지, 셋째 돌아오는 동작이다. 따라서 바트망 탕뒤의 리듬은 이 세 가지이고, 음악적 악센트는 이 중 어디에나 속할 수 있다.

바트망 탕뒤에서 다리의 뒷부분의 늘어남을 확대할 수 있는 유용한 방법은 - 한국식으로는 발을 푼다(flex)로 표현되는 것인데 - 각 방향에서 발을 뻗은 후 발을 꺾어서 공중으로 다리를 살짝 드는 것이다. 뒤꿈치는 아래로 밀고 발가락은 들어 올리면 다리의 안쪽과 무릎 뒤쪽에서 강하게 늘어나는 것을 느낄 수 있다. 이 늘인 상태에서 이완하지 않으면서 발을 쭉 편다. 그러고 다리 전체를 확실히 편 후에는 발바닥이 이완되면서 발가락부터 바닥에 닿게 되는 것을 느낄 것이다. 바트망 탕뒤를 통해 체험할 수 있는 감각은 움직이는 다리가 길고 부드러워지고 마음 역시도 넓어지는 것을 느낄 수 있다.

바트망 탕뒤에서는 발을 가장 길게 뻗었을 때 딱 그 지점에서만 머무는 것이 필수적이다. 덜 펴고 무용가의 지지하는 다리 앞에서 발을 뻗는다면 바닥에 닿은 발끝이 지지하는 다리에 너무 가까워져서 몸의 자세

사진 24. 바트망 탕뒤 알 라 스공드

가 비뚤어지게 된다. 그렇게 되면 다리는 제대로 뻗지 못하고 중심선이 파괴되어 골반이 올라가든지 다른 부위가 틀어지게 된다. 이 동작을 잘못 수행했을 때 생기는 문제는 허벅지의 과도한 긴장이나 다리가 완전히 뻗지 못해서 비롯된 굽은 등이 그것들이다. 그러면 몸은 중심축에서 적당한 위치를 잡지 못하고 지지하는 다리로 기울어지거나 허벅지가 비뚤어질 수 있다. 발가락은 바닥을 따라 미는 동작을 하면 다리를 펴는 데 유용하다.

바트망 탕뒤 앙 크르와는 다리를 이용한 모든 자세와 함께 다양한 포르 드 브라와 머리를 이용한 포즈로 실행된다. 바트망 탕뒤를 앞으로 했을 경우 머리는 앙 드오르(en dehor) 자세로 바깥쪽으로 돌린다. 〈사진 24〉에서의 각도는 정면에서 보면 약간 사선 방향처럼 보인다. 바트망 탕뒤를 옆으로 할 때는 머리가 정면을 향해 있으면 된다. 옆으로 나갔던 다리가 뒤쪽 5번 자세로 돌아오면 머리는 앙 드당(en dedan)으로 앞쪽의 지지하는 다리 쪽을 본다. 바트망 탕뒤를 뒤로 할 때는 상체가 살짝 앞으로 쏠려서 사선이 된다.

바트망 탕뒤가 중심축에서 연장하는 동작이기 때문에 무용가의 신체 전체가 함께하게 되고, 그에 따라 머리의 움직임도 가능한 한 자연스럽게 이행되어야 한다. 다리의 움직임과 함께 이와 연결된 머리와 팔 동작이 동반된다.

바트망 탕뒤 앙 크르와에 포르 드 브라가 추가될 수 있는데, 그에 대한 단순한 예는 다음과 같다. 팔은 준비 동작을 취하고 다리는 앞의 바트망 탕뒤 자세를 취해서 뻗으면 다리가 좁혀지는 동안 팔은 알 라 스공드 자세를 유지한다. 다리가 바트망 탕뒤 알 라 스공드 자세를 위해 뻗는 동작을 취하면 팔도 알 라 스공드 동작을 함께 취한다. 다리가 5번 자세를 취하며 뒤쪽으로 모아지면 팔은 드미 스공드(demi-seconde) 자세를 통해 아래로 활 모양을 만들고 다리와 함께 동시에 준비 동작을 취한다. 다리가 바트망 탕뒤 데리에르(battement tendu derrière) 동작을 위해 쭉 뻗으면, 팔은 알 라 스공드 자세를 취하며 들어 올려지고 다리가 모아질 때까지 그 자세를 유지한다. 다리가 한 번 더 바트망 탕뒤 알 라 스공드 자세를 취해서 쭉 옆으로 뻗으면 팔 또한 알 라 스공드 자세를 같이 취한다. 다리가 5번 자세로 돌아오면 팔은 드미 스공드를 통해 아래로 활 모양을 만들고 다리와 함께 동시에 준비 자세를 취한다.

알 라 스공드에서 동작에 사용되지 않는 팔이 있고 팔과 다리가 함께 모여 있도록 하기 위해 팔이 드미 스공드 자세를 지나 준비 자세로 향해 가며 아래로 활 모양을 만든다는 점을 주지해야 한다. 팔과 다리는 45도

사진 25. 바트망 탕뒤 뒤 동작의 방향과 팔의 변형

각도를 잡아야 하며, 서로 가까이 위치해야 한다. 다리와 팔의 이러한 기본적인 관계는 기술을 연마하는 데 중요한 역할을 할 것이다. 바트망 탕뒤 앙 크르와를 위한 포르 드 브라와 함께 머리의 자세는 앞서 설명된 바와 같이 다양하게 변화될 수 있다(〈사진 25〉 참조).

바트망 탕뒤 앙 크르와에 사용되는 머리와 팔 자세의 다양한 변형은 등의 사용을 유도하며, 무용가의 표현력과 정서를 풍부하게 함양시켜 준다. 하지만 바트망 탕뒤 동작을 안정적으로 하게 된 후에 연습해야 한다.

바트망 탕뒤에서의 다리 동작은 몸의 확장을 위한 근본적인 기반이 된다. 앙 크르와 자세를 취할 때 경험하는 상이한 스트레칭은 좀 더 강도 높은 발전 동작인 데벨로페, 바트망 퐁뒤(battement fondu), 그랑 바트망 등을 실행할 수 있는 기초를 제공한다. 각 바트망 탕뒤는 그 자체로 완성되고 뒤꿈치가 각각의 5번 마무리(closing) 동작에서 완전히 바닥과 밀착되어야 한다. 이를 통해 각 상황에서 5번 자세가 완전히 연계될 수 있도록 해주며, 앙셴망(enchaînements)[1]과 알레그로(allegro)를 위한 기초를 마련해준다.

수직선을 유지하기 위해 다리와 발을 통한 아래쪽 압력과 횡격막을 통한 들어 올림의 균형이 필요하며 이는 바트망 탕뒤를 추진할 힘을 제공해준다. 비록 다리가 이 압력에 다른 방식으로 반응할지라도 동작에 사용되지 않는 발을 이완시켜 자유롭게 움직이고 체중을 이동하기 위해서는 이 수직성이 매우 중요하다.

실기를 통해 알아낼 수 있는 것은 5번 자세에서의 발을 통한 압력이 발바닥 전체에 동일하게 분포되어 있어야 한다는 것이다. 발에 골고루 압력을 가하는 것은 다른 동작을 실행할 수 있게 하는 것이다. 지탱하는 다리의 아래쪽 압력은 자세를 유지해주고 다리 맨 윗부분의 바트망 탕뒤의 시작점을 연결시켜주며 외향 자세를 유지하게 해준다. 바트망 탕뒤의 마무리 자세에서 횡격막을 통한 가벼운 끌어올림은 다리가 중력으로부터 자유로워져서 편안하게 5번 자세로 되돌아오게 해준다.

바트망 데가제: 길고 강한 힘

데가제(dégagé)는 어떤 상태에서 벗어나거나 동작이 고정된 상태에서 더 커지는 것을 말한다. 바트망 탕뒤는 발끝이 바닥에 닿아 있어야 하는데 데가제는 발끝을 바닥에서 약간 드는 동작이다. 이 동작에서의 다리와 팔은 바트망 탕뒤와 동일하고 다리는 역시 계속 외향 상태에 있어야 한다. 다리는 계속 길게 바닥 쪽으로 뻗어 있으며 발끝은 바닥에서 5cm 정도로 떨어져 있어야 한다. 이 동작에서 발이 바닥에서 뜨는 것을 드는 동작으로 보기보다는 다리의 연장선으로 이해해야 한다. 이 동작을 통해 다리 전체가 늘어나고 강화된다. 데가제는 아상블레(assemblé)[2]와 주테

---

1 일련의 단계들을 이어주는 연결 동작.

2 다리의 5번 자세에서 한 다리가 옆으로 먼저 뛰어오르고 착지할 때에는 두 다리가 동시에 5번으

(jeté)[3]에서 필요한 기능을 제공하고 그 동작들로 확장된다. 역으로 아상블레나 주테는 데가제를 포함하고 있다.

〈사진 26〉에서와 같이 바트망 데가제(battement dégagé)는 다리의 맨 윗부분에서 시작되고 발이 바닥에서 뜨면서부터 무용가는 다리의 연장과 높이를 조정해야 한다. 바트망 탕뒤에서는 기본자세에서 뻗는 동작, 뻗은 상태에서의 연장을 지속하는 것 그리고 다시 기본자세로 돌아오는 세 가지 단계가 이어진다. 이를 통해 열린 자세는 실체와 안정성을 부여받고 아상블레, 주테 등에서도 매우 유용하게 이용된다. 리듬의 강조는 위의 세 가지 동작이 이행되는 그 어떤 순간에도 위치할 수 있다.

바트망 데가제는 바트망 탕뒤를 포함하고 있어서 그 시작과 끝은 바트망 탕뒤와 동일하다. 발바닥을 넓게 펴서 바닥을 누르듯 깊게 뿌리를 내리고 수직과 외향을 유지하며 그런 상태에서 다음의 동작을 하는 것은 모두 바트망 탕뒤와 같다. 발바닥으로 바닥을 밀어서 발이 바닥에서 뜨는 순간에는 에너지가 충전되어 흡입하는 듯한 느낌이 든다. 발을 이동할 때는 발이 바닥을 밀면서 마지막 순간에 바깥쪽으로 확실히 밀어야 한다.

바트망 탕뒤는 기본 연습에 필수이고 바트망 데가제는 기량을 향상시키는 데 아주 요긴하다. 바트망 데가제는 발이 바닥에서 뜨는 동작을 통한 연장과 다시 돌아오는 과정을 반복한다. 다시 돌아오는 시점은 동작의 맥락에 따라 달라지지만 그 시점이 명확해야 되고, 자세를 유지하는 힘은 계속해서 유지되어야 한다.

바트망 데가제 자세는 바에서는 주로 앙 크르와로 진행되며, 머리와 팔

로 떨어지는 발레의 도약 동작이다.

3 마치 개울을 건너뛰듯이 두 다리를 쭉 벌려서 뛰는 동작을 말한다.

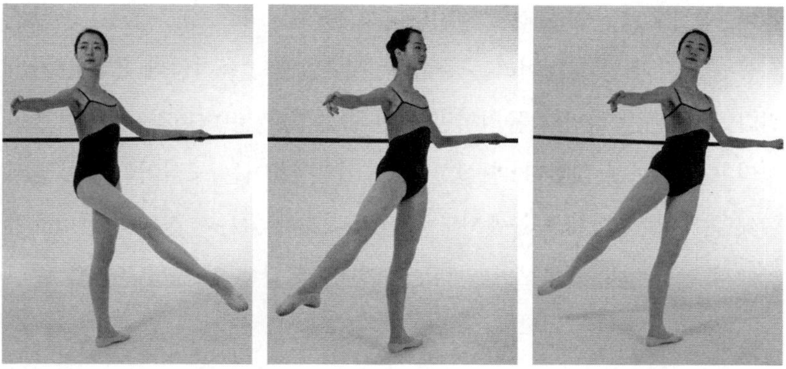

사진 26. 바트망 데가제 드방, 알 라 스공드, 데리에르

은 바트망 탕뒤와 동일한 자세를 취하지만 기술적 단계가 더 어렵기 때문에 바른 방식으로 연습해야 한다.

롱 드 장브 파 테르: 열림과 닫음

롱 드 장브(rond de jambe)는 '둥근 다리'라는 뜻이고, 파 테르(par terre)는 '바닥'이라는 뜻으로, 롱 드 장브 파 테르(rond de jambe par terre)는 한 다리로 바닥에 원을 그리는 동작을 말한다. 롱 드 장브 파 테르는 다리를 앞에서 뒤로 돌리는 여는 움직임인 앙 드오르(en dehors)와 반대로 뒤에서 앞으로 돌리는 닫는 움직임인 앙 드당(en dedans), 그리고 정면을 보는 앙 파스(en face)가 있다. 세 가지 움직임의 방식은 롱 드 장브 파 테르뿐만 아니라 발레 동작에서 아주 중요한 핵심 방식이다.

발레의 스텝, 움직임과 표현에 주어진 프랑스어인 발레 용어를 자세히 살펴보는 것은 동작으로 보이는 것보다 더 미묘한 깊은 의미를 깨닫게 한다. 특정 단어 혹은 표현의 선택은 동작 내면의 특성과 전체에 대한 관련성에 이해를 제공한다. 바로 이러한 단어와 표현들의 핵심은 다음의 용어 세 개로 충분히 드러날 것이다.

앙 드오르와 앙 드당이라는 용어는 모든 발레의 움직임과 표현을 가리킨다. 이들은 움직임의 물리적인 방향을 설명할 뿐 아니라 의미와 표현 그리고 감정까지 말한다. 확실한 것은 이 두 용어는 중심이라는 개념과 함께 존재하며, 실제 연습에서도 중심이 어디에 있는지 분명히 이해해야 앞에서 뒤로 여는 앙 드오르와 뒤에서 앞으로 닫는 앙 드당 동작을 수행할 수 있다.

〈사진 27〉에서와 같이 1번 다리 자세에서 시작해 바트망 탕뒤 앞에서 원으로 돌려서 옆으로 그리고 또한 원으로 돌려서 뒤로 갔다가 뒤에서는 바트망 탕뒤를 거쳐서 다시 1번 자세로 돌아온다. 반원의 모양으로 앞, 옆, 뒤로 원을 만들고 1번 자세로 돌아오는 것의 연결이 앙 드오르이다. 앙 드당에서 다리는 바트망 탕뒤를 통해 뒤로 뻗은 후에 회전해 옆쪽, 앞쪽 그리고 1번 자세로 돌아오는 것이다. 이것 역시도 반원인데 밖으로 원을 그리느냐 아니면 안쪽으로 그리느냐의 방향이 차이이다. 롱 드 장브 파 테르는 바트망 탕뒤에서와 마찬가지로 앞쪽으로는 길게, 옆쪽으로는 넓게, 뒤쪽으로는 위아래로 몸을 정렬시키는 것이 중요하다.

이 동작에서도 모든 과정에서 척추를 위로 펴는 끌어올림과 골반과 다리의 외향은 늘 유지해야 하고, 다리 근육을 쭉 편 채로 다른 동작으로 연결한다. 연이은 롱 드 장브 파 테르가 수행될 때 동작은 앙 드오르와 앙 드당으로 이어지고, 모든 동작은 돌리고 나서 마치 정거장을 통과하듯이 다리 1번 자세를 통과해야 한다.

롱 드 장브 앙 드오르에서 움직이는 다리가 1번 자세를 통과할 때에는 뒤꿈치를 앞으로 내미는 것처럼 느낄 것이다. 롱 드 장브 앙 드당에서 움직이는 다리가 1번 자세를 지날 때는 발가락이 먼저 뒤로 가는 느낌으로

사진 27. 롱 드 장브 파 테르 앙 드오르: 앞의 다리를 원을 그리며 돌려서 옆과 뒤로 보내는 동작

동작을 해야 한다. 발에서 느껴지는 이런 느낌은 외향을 유지하기 때문에 생기는 것이다.

롱 드 장브 파 테르 동작을 바트망 탕뒤를 통해서 앙 드오르로 진행할 경우 시작 자세에서 발은 1번 자세를 취하고 팔은 알 라 스공드를 하면 된다. 다리가 바트망 탕뒤 드방 동작으로 쭉 뻗어서 옆으로 돌아갈 때 머리 역시도 앙 드오르로 밖을 향하게 되고, 다리가 원을 그리며 옆에서 뒤로 갈 때 머리는 다리를 따라서 사선 뒤를 보게 된다.

다리가 원을 그리며 옆으로 앙 드오르를 하면 머리는 정면을 보게 되고 팔목과 손도 정면을 향하게 된다. 그다음 머리와 손은 모두 앙 드오르 자세를 취한다. 다리는 계속해서 앙 드오르로 바트망 탕뒤 뒤까지 간다. 머리는 안쪽으로 기울어지면서 지탱하는 다리 쪽으로 움직이는 듯하며 중심축에서 약간 바깥쪽으로 뻗은 사선처럼 보이는 자세를 유지한다. 1번 자세로 돌아오면서 머리와 손은 밖으로 돌아가기 전에 정면 자세를 통과한다.

바트망 탕뒤 앙 드당을 통한 롱 드 장브 파 테르를 위해서는 팔은 옆으로 들고 손은 정면을 향해야 한다. 다리가 바트망 탕뒤 뒤로 가기 시작하면 머리는 낮춰지고 앙 드당으로 돌며 중심축에서 바깥쪽으로 사선처럼 보이는 자세를 유지하고, 팔목은 회전을 하며 손도 앙 드당 자세를 취한다.

다리가 2번 자세를 향해 원을 그리면 머리와 손 둘 다 정면을 향해 앙 드당 자세를 취하면서 동작을 수행한다. 다리가 계속해서 앙 드당 자세에서 앞의 바트망 탕뒤 자세를 유지할 때 머리와 손은 둘 다 앙 드오르로 들고 다리는 1번 자세로 돌아온다. 롱 드 장브 파 테르가 연속적으로 이행될 때는 앙 드오르 진행 시에는 바를 잡지 않은 움직이는 손이 앙 드오르 자세를 유지하며, 앙 드당 진행 시에는 바를 잡지 않은 손이 앙 드당 자세를 유지한다.

손의 앙 드오르 자세는 손을 들어 올리고 손목 관절을 밖으로 돌려서 손바닥이 위쪽으로 향하게 하는 것이다. 손의 앙 드당 자세는 손바닥이 땅바닥을 향하도록 기울인 것이다. 이러한 손의 동작들은 팔과 연결되어 이행된다. 팔은 등의 연결을 유지시키기 위해 팔꿈치는 올리거나 내려도 안 되며 몸의 뒤를 향해야 한다. 하지만 팔꿈치의 굽히는 정도는 무용가가 자신의 팔의 길이에 맞추어 조정할 수 있다. 팔은 어깨 관절에서 회전해서도 안 된다.

손 동작도 회전 동작인 앙 드오르나 앙 드당을 할 수 있다. 이러한 손의 회전 동작들은 앙 드오르와 앙 드당 간의 표현의 풍부함과 더불어 차이점을 보인다. 그 어떤 시점에서도 동작은 명확하게 앙 드오르, 앙 드당, 그리고 앙 파스를 드러내면서 그에 맞는 표현을 한다. 머리와 팔다리는 몸통과 같은 선이나 또는 반대로 움직이면서 손의 동작과 연결되어 감성적이며 풍부한 표현을 가능하게 한다.

롱 드 장브 파 테르에서의 포르 드 브라는 다음과 같다. 움직이는 다리가 롱 드 장브 앙 드오르 동작을 마치고 뒤에서 5번 자세로 마무리하면 바 쪽의 다리는 바트망 탕뒤 앞으로 열리고 움직이는 팔은 알 라 스공드로 머리는 앙 드오르로 회전되어 들린다. 몸은 허리에서부터 앞쪽으로 기울고 가슴이 이끄는 듯 움직인다. 팔은 드미 스공드를 지나 내려서 준비 자세로 돌아간다. 몸이 앞쪽으로 계속해서 이동할 때, 팔은 드미 쿠론(demi-couronne)이 된다. 머리는 앙 파스로 계속 유지된다. 몸은 다시 꼿꼿이 서게 되고 머리는 계속 정면을 향한다. 팔과 머리는 유지된 채 몸은 뒤로 젖혀진다. 몸이 완전히 굽혀지고 뒤쪽으로 스트레칭된 다음 중앙을 지나 들리게 되면 팔은 옆으로 열리고 머리는 앙 드오르로 회전한다. 몸은 1번 다리 자세에서 앞뒤로 움직인다. 앞 다리가 바트망 탕뒤로 열려도 몸은 5번 자세와 같이 중심을 벗어나지 않으며 체중은 지지하는 뒷다리 쪽에 실려 있다.

팔과 다리의 앙 드오르와 앙 드당을 이해하는 것은 몸의 다양한 부위의 복잡한 움직임을 이해하는 데 도움을 준다. 발레의 모든 동작에서는 각 부위의 동작이 전체적으로 어떻게 연결되는 것인가가 중요하다. 또한 롱 드 장브 파 테르는 무용에서 비롯된 세상에 대한 열린 마음과 그것을 자신의 내면으로 가져오는 수렴 과정을 가장 잘 표현한 것이라 할 수 있다. 그래서 동시에 무용가의 표현력을 확대하고 몸과 마음의 성장을 도모하는 방법이기도 하다.

롱 드 장브 파 테르의 기초가 다져지면, 팔 동작과 머리 동작 및 자세의 다양한 변화들이 수반된다. 다리가 원형을 그리며 동작을 수행하는 동안 수직선을 따라 몸이 곧게 유지되는 신체의 힘을 통해 자세와 위치를 잡는 능력이 강화된다. 이를 통해 그랑 롱 드 장브뿐 아니라, 푸에테

(fouetté)[4]와 같은 난이도가 있는 동작들을 할 수 있는 기초가 마련된다.

그랑 플리에에서와 마찬가지로 롱 드 장브 파 테르에서도 시작과 끝맺음의 동작으로 주로 그랑 포르 드 브라를 한다. 이 동작들은 더 멀리 뻗은 스트레칭 동작들로 신체의 모든 부위를 활용하는데, 이 내용은 포르 드 브라 부분에서 논의할 것이다. 이 동작들은 바의 모든 동작에서 갖가지 방법으로 활용되고 있다.

롱 드 장브 파 테르는 부드럽고 균일해 특별한 악센트가 없는 동작이다. 무용가가 기량이 늘수록 이 동작을 다리를 높게 들고 행할 수 있어서 롱 드 장브 앙 레르로 확장되고, 이 동작에서는 신체의 배치가 조정되어야 한다. 이 부분은 몸의 기능학에 대한 이해를 필수로 한다.

바트망 프라페: 길고 강하게

프라페(frappé)는 노크할 때 '두드리거나 때린다'라는 뜻으로, 바트망 프라페(battement frappé)는 움직이는 다리의 발가락으로 바닥을 힘차게 치면서 다리를 쭉 뻗는 동작을 칭하는 용어이다. 지금까지 바트망 탕뒤와 바트망 데가제, 그리고 롱 드 장브 파 테르에서 다리는 고관절과 연결되어 사용되고 발의 움직임을 통한 발목 관절의 반응도 수반되었다. 〈사진 28〉과 같이 바트망 프라페 동작에서는 아주 중요한 새로운 동작이 시작된다. 바트망 탕뒤 알 라 스공드를 위해 허벅지를 든 채로 움직이는 다리의 무릎 관절을 접어서 발의 뒤꿈치가 기둥 다리의 발목 위에 댄다. 골반을 외향한 채로 무릎 관절이 이완된 자세를 유지하면 다리 아래쪽의

4 채찍질이란 뜻으로 무용가가 한 다리를 기둥으로 다른 한 다리를 접었다 폈다 하면서 제자리에서 도는 동작을 칭하는 발레 용어이다. 난이도가 아주 높은 동작으로 몇 번을 돌 수 있는지가 무용가의 기량을 볼 수 있는 척도이기도 하다(Koegler, 1987).

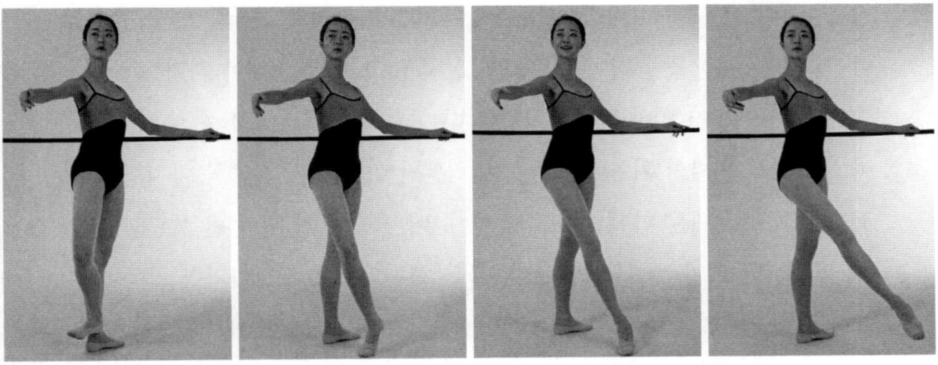

사진 28. 바트망 프라페의 진행 과정

자연스러운 자세가 형성된다. 거기에서부터 움직이는 다리의 발은 지탱하는 발목 앞쪽으로 위치하게 되는데, 이 자세가 바로 쉬르 르 쿠드피에(sur le cou-de-pied)이며, 반만 이완된 상태라고 할 수 있다. 이 동작에서는 무릎 밑의 다리 아래쪽과 발이 이완된 상태로 자세를 취한다. 움직이는 다리의 발은 기둥 다리의 발목과 연결되어 있으며, 그 상태에서 다리를 각 방향으로 바닥을 차고 쭉 뻗었다가 발목으로 돌아온다. 이 동작을 하는 동안 몸 전체가 들어 올려지는 느낌을 받게 된다. 발가락은 뒤쪽을 향한 채로 발목 주변을 밑으로 눌러줘야 하며 바닥에서 살짝만 떨어진 상태여야 한다.

바트망 프라페 동작은 다리 아래쪽이 발목 관절에서부터 강하게 바닥으로 뻗어나가며, 허벅지는 팽팽하게 유지시키고 발은 반만 이완된 상태가 지속된다. 그다음에 발은 바트망 탕뒤 바로 직전 시점에서 발가락의 밑으로 바닥을 차고 나면 고관절부터 발끝까지 다리 전체가 완전히 펴지게 되고 발은 아치형이 되어 다리는 바트망 데가제 높이로 들린다.

이 바트망 프라페를 실행할 때 다음의 사항을 주의해야 한다. 발이 바닥을 칠 때 그 모습이 마치 드미 푸앙트(demi-pointe) 자세를 연상시킨다. 이 점은 체중을 움직이는 다리에 싣지 않고 동작을 해야 하며, 발목이 완전히 펴지면 발바닥의 아치형을 더 명료하게 드러나게 할 수 있다. 이 동작에서는 발의 위쪽에서 가하는 힘뿐만 아니라 발 아래쪽 아치형에서도 위쪽으로 미는 힘이 가해져야 한다. 이 연습이 잘 되면 발목 관절이 유연해지고 '고'가 더 나오게 된다. 물론 선천적으로 평발이거나 발목이 약한 사람은 '고'를 나오게 하는 것이 가능하지 않다. 이렇게 발 아래 부위의 사용은 나중에 푸앙트 슈즈를 신을 때 필수적인 토대가 된다. 그렇게 하면 발끝으로 서는 것을 굳건히 할 수 있을 뿐 아니라 바트망 프라페와 유사한 발 동작이나 위로 끌어올리는 동작을 수행하는 데 필요한 기초가 다져진다. 완전히 모양이 잡힌 탄탄한 발 아래쪽 아치형은 위로 끌어올려진 발이 다시 내려오는 단계에서도 필수적이다. 발바닥의 오목한 부분을 이용한 조정은 발목이 접히는 것을 막고, 뒤꿈치가 바닥에 닿을 때 바닥으로부터 받는 충격을 흡수하며, 안정된 자세를 취하게 한다. 또한 다음 동작을 위해 신속히 준비할 수 있게 해준다. 이 모든 것은 푸앙트 슈즈를 신고 발끝으로 수행하는 동작 시에 반응이 재빨리 일어날 수 있게 역할을 하는 것이다.

바트망 프라페에서 유의해야 할 점은 바닥을 치고 나서의 다리의 높이가 바트망 데가제 높이를 유지해야 하며, 발끝이 바닥을 향해야 하고, 다리의 뻗기 자세와 연장 그리고 몸통을 끌어올려야 된다는 것이다. 그렇지 않으면 다리는 긴장이 풀려 그 자세에서 쉽게 풀어질 수 있다. 앞, 뒤의 쿠드피에(cou-de-pied) 자세를 취한 상태에서 일련의 바트망 프라페 동작을 하고자 할 때 악센트는 주로 다리로 바닥을 칠 때 있게 되고, 그 상태를 순간 유지해야 한다. 그러나 바트리(batterie)[5] 등 난이도가 있는 동작에서는 다리가 들어올 때 안쪽 악센트를 요구하기 때문에 두 가지 경우를 다 연습해야 한다. 악센트는 동작에 힘을 싣는 것이라기보다는 주어진 자세를 잠시 유지하는 것이다.

바트망 프라페의 다음 단계는 바트망 프라페 두블레(battement frappé double)이다. 프라페는 동일하게 유지되는데, 두블레는 발이 쿠드피에 동작을 하고 있는 것을 말한다. 그리고 이 두블레 단계는 프티 바트망 쉬르 르 쿠드피에(petit battement sur le cou-de-pied)로 알려진 동작을 기둥 다리 발목의 앞과 뒤로 하는 것을 포함한다.

무릎 관절과 연계되어 이러한 동작들이 전개될 때 무릎과 주변 근육은 이완 상태여야 한다. 긴장 상태는 무용의 과정 속에서 관련 동작이 자연스럽게 전개되는 것을 방해한다. 여기서 발가락 쪽은 자연스럽게 떨어져야 하고 기둥 다리 발목 뼈에 위치해야 한다. 동작을 하지 않는 기둥 다리는 발을 쿠드피에 동작을 할 수 있게 이끌면서 잠재적인 스프링 역할을 수행해야 한다. 허벅지에서 시작된 아래쪽을 향한 밀기 동작은 더 추가적인 힘이 가해질 필요 없이 바트망 프라페를 위한 스프링 작용을 수행해야 한다. 이를 통해 부드러우면서도 쉽게 다음 동작을 연결할 수 있게 되며 일련의 동작에서 긴장이 생기지 않도록 조절하는 능력을 기르게 된다.

바트망 프라페 두블레의 기초적 형태는 동작 중인 다리가 바트망 탕뒤 옆의 자세를 취하며 시작된다. 무릎이 이완함에 따라 발은 쿠드피에 드방 자세가 되고 쿠드피에 뒤를 지나 바트망 프라페 알 라 스공드에 이르

5 도약하고 있는 동안에 허벅지나 발끼리 서로 치는 기교를 일컫는 발레 용어이다.

게 된다. 뻗은 자세에서 발은 쿠드피에 뒤로 돌아오고 이때 허벅지를 제대로 잡고 있는 것이 중요하다. 그다음에 발은 쿠드피에 앞 동작을 위해 충분히 이완된다. 여기에서부터 바트망 프라페 옆이 시작된다.

이러한 일련의 전환 동작들은 정해진 횟수의 바트망 프라페 알 라 스공드가 진행되는 동안 지속된다. 바트망 프라페 두블레에서 또 한 가지 흥미로운 것은 사용 중인 발이 쿠드피에를 앞, 뒤, 앞, 뒤로, 바트망 프라페 쿠드피에를 앞, 뒤로 하는 것이다. 이 전환 동작은 쿠드피에를 프티 바트망 쉬르 르 쿠드피에로 전개시킨다. 여기서 다시 한 번 발을 이완시키고 그 발이 쿠드피에를 행할 때 무릎 관절은 이완되어야 하고 허벅지는 똑바로 들고 있어야 한다. 바트망 프라페와 바트망 프라페 두블레 그리고 프티 바트망 쉬르 르 쿠드피에의 상호 작용은 주테(jeté), 주테 바튀(jeté battue), 브리제(brisé)에 요구되는 기초를 준비한다.

바트망 프라페 앙 크르와는 바트망 프라페와 바트망 프라페 두블레를 십자 모양으로 앞, 옆, 뒤, 옆을 하는 동작을 말한다. 동작을 하는 다리가 바트망 탕뒤 알 라 스공드를 시작하면서 발은 지탱하는 다리 앞에서 쿠드피에를 하고 허벅지는 확실히 잡고 있어야 한다. 다리의 아래쪽은 날카롭게 뻗은 드방을 유지하고 발은 바트망 프라페 알 라 스공드처럼 드미 푸앙트를 통해 강하게 내리누르고 바트망 데가제 높이로 유지한다. 허벅지는 다리 아래쪽을 뒤로 당기고 발은 쿠드피에 자세로 돌아간다. 그다음에 바트망 프라페는 옆으로 이어지고, 발은 쿠드피에 자세로 뒤로 간다. 다리 아래쪽은 뒤쪽으로 날카롭게 뻗고 발은 드미 푸앙트로 바닥을 친다.

바트망 프라페 데리에르에서는 다리의 외향을 유지하는 것과 발을 정확히 쭉 펴는 것에 주의를 기울여야 한다. 발은 뒤쪽에서 쿠드피에로 돌아가고 허벅지는 확실히 외향시킨다. 추가적인 바트망 프라페 알 라 스공드 동작은 앙 크르와 시리즈를 완성시킨다. 그 과정 내내 무릎은 이완되고 허벅지는 올바른 위치에서 잡고 있어야 한다. 바트망 프라페는 프티 바트망과 함께 수행될 수도 있다. 바트망 프라페의 변형은 쿠드피에 자세를 취한 발이 반만 이완되지 않고 펴져 있으며 땅바닥을 치면 안 되고 발가락만 바닥을 살짝 스치면 된다. 이 자세는 십자 모양이나 옆으로 이어질 수 있으며, 안쪽 동작에서 드미 플리에를 추가해 지탱하는 다리를 바깥쪽으로 펼 수도 있다. 또한 몸을 를르베(relevé)로 들어 올릴 수도 있으며, 여기서 기둥 다리의 무릎은 뒤꿈치가 바닥을 뜨기 전에 완전히 펴야 하고, 다시 돌아올 때는 무릎이 이완되기 전에 뒤꿈치가 바닥 위에 단단히 고정되어야 한다. 바트망 프라페의 변형은 다리와 발의 관절들을 강화하고 훈련하는 데만 사용되는 것이 아니라 주테 등 뛰기 동작에서도 사용될 수 있다.

바트망 프라페의 두 가지 형태는 순차적으로 배열되어 동작에 필요한 근육을 형성하게 한다. 주테와 발로네(ballonné)와 같은 스텝 구성에 요구되는 순발력도 향상시킨다. 바트망 탕뒤와 롱 드 장브 파 테르에서 설명한 바와 같이 이 같은 배열에서 머리와 팔 그리고 등은 중요한 역할을 하게 된다.

바트망 프라페는 발과 바닥과의 접촉점에 대한 인지 능력을 높여준다. 바트망 탕뒤에서 발과 바닥의 접촉과 바트망 데가제로의 연결에서 연장한 거리보다 가까운 지점에서 발이 바닥을 치는 동작이 진행된다. 발가락이 바닥을 스치기만 하는 바트망 프라페의 변종에서 발은 더 멀리 늘여서 드미 푸앙트 자세를 넘어선 지점에서 바닥에 닿는다. 하지만 여기에서도 바트망 탕뒤를 통해 완전히 늘인 거리보다는 가까운 지점이다.

이 동작은 무용가에게 발바닥과 바닥의 관계에 대한 좀 더 직관적인 인지력을 갖게 해준다. 그래서 무용가는 무용 동작을 전개시키는 과정에서 수직선을 유지해 바닥을 올바르게 사용하는 방법을 터득하게 된다.

프티 바트망 쉬르 르 쿠드피에: 리듬 갖고 놀기

쉬르 르 쿠드피에(sur le cou-de-pied)는 '발목 위에'라는 뜻으로, 움직이는 뒤꿈치를 기둥 다리의 발목 위에 두고 앞뒤로 움직이는 동작을 말한다. 앞서 말한 바와 같이 바트망 프라페 두블레를 위해 쿠드피에에 사용 중인 발을 이완하고 다른 발로 교체하는 것은 프티 바트망 쉬르 르 쿠드피에 자세로 넘어간다는 것을 말하는 것이다. 이 움직임은 그 자체로 독립적인 동작이 된다. 〈사진 29〉에서와 같이 발을 이완시키고 쿠드피에 자세에서 앞, 뒤, 또는 뒤, 앞으로 전환하는 것을 의미한다. 악센트를 준 시리즈로서 프티 바트망 쉬르 르 쿠드피에는 바트리 개념의 시작이기도 하다.

프티 바트망 쉬르 르 쿠드피에 시리즈 동작들을 이행하는 데 무릎은 쿠드피에에서 앞, 뒤로 움직일 수 있는 정도의 폭에서 이완 상태를 유지해야 한다. 무릎에 조금이라도 힘이 들어가면 수직선과 몸의 중심을 잘 지켜야 할 허벅지에 영향을 줄 수 있다. 프티 바트망에서는 박자가 끝나는 시점에서 이완하는 것이 필수적이다. 왜냐하면 다리가 나갈 때 힘을 주며 바닥을 치기 때문에 다리가 기둥 다리로 들어올 때는 무릎 아래가 이완되어 다음 동작을 준비하고 있어야 한다. 무릎의 긴장은 사용 중인 발을 쿠드피에가 되게 하는 데 방해하고 깔끔한 바트리 동작도 힘들게 하며 편안하게 동작을 연결하는 것도 막는다.

바트리 동작의 전개를 돕기 위해 앙트르샤 카트르(entrechat quatre),

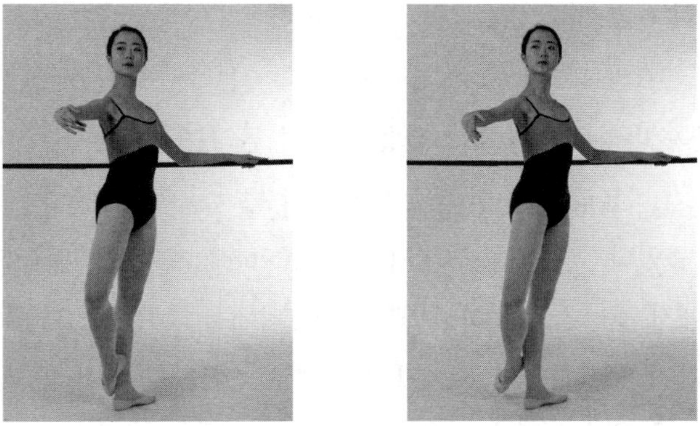

사진 29. 쉬르 르 쿠드피에 앞과 뒤

앙트르샤 시스(entrechat six) 등의 개념을 반영하는 프티 바트망 쉬르 르 쿠드피에 시리즈에 악센트를 줄 수 있다. 이 동작의 마지막은 바트망 바튀(battement battu)로 발을 반복해서 쉬르 르 쿠드피에 동작으로 앞으로 치는 것이다. 여기에서 중요한 것은 쿠드피에부터 발을 푸는 것이다. 그래야 그다음에 두드리는 동작이 가능해져 강약을 만들 수 있게 된다. 무릎은 이완된 상태여야만 동작에 악센트를 가해 명확히 표현하는 것이 가능하게 된다. 이 동작은 또한 뒤로 이어질 수도 있다. 쿠드피에의 뒤쪽 동작에서는 발이 반만 이완된 자세를 유지하고, 종아리를 살짝 스치며 뒤쪽을 지나간다.

이러한 일련의 동작들이 진행되는 내내 머리와 손은 움직이는 다리와 기둥 다리의 조화된 상태를 유지하게 하며 앞서 설명한 자세를 유지해야 한다. 또한 팔과 연결된 손은 몸통의 반영이기도 하지만 독립적으로 표현적인 부분을 담당하기도 한다.

롱 드 장브 앙 레르: 발끝으로 공기 느끼기

롱 드 장브 앙 레르(rond de jambe en l'air)는 공중에 원을 그린다는 뜻으로, 한쪽 다리로 공중에서 원을 그리며 돌리는 동작을 말한다. 〈사진 30〉과 같이 바트망 탕뒤 알 라 스공드에서 동작 중인 다리를 바닥과 평행하게 쭉 들었다가 무릎을 접어서 르티레(retiré) 자세로 가져온다. 이 동작을 앞에서 뒷방향으로 하고 또 반대로 뒤에서 앞의 방향으로 한다. 여기에서 움직이는 다리의 허벅지 안쪽은 외향되어 있어야 하고, 발목은 충분히 펴져 있어야 한다. 기둥 다리 역시 수직을 유지하고 골반, 무릎과 발 전체가 외향과 끌어올림을 유지하고 있어야 한다. 이 자세에서 동작을 하는 다리를 옆으로 폈다가 무릎만 접으면 동작하는 발끝은 기둥 다리의 무릎에 와서 르티레 자세가 될 것이다. 이 동작을 하는 동안 허벅지는 원래의 열린 자세로 들려 있어야 한다. 이 자세는 롱 드 장브 앙 레르라는 동작의 기초를 제공해주는데, 그 자체로 아름답고 표현력이 풍부하다. 그뿐만 아니라 웅장한 도약과 절묘한 기법을 선보이는 단계에서 다리가 지탱하는 힘을 얻는 데 필요한 이동성과 유연성을 제공해준다.

지탱하는 무릎에 발가락을 올려놓는 르티레라고 불리는 자세에 다리가 공중에서 회전하는 동작이 추가된다. 이를 통해 롱 드 장브 앙 레르의 타원형을 그리는 동작이 완성되고 르티레를 거쳐 다시 들린 자세로 돌아온다. 이 동작이 원을 그리기 때문에 앙 드오르나 앙 드당이 적용되고 항상 수직선을 따라 움직여야 한다.

5번 기본자세에서의 롱 드 장브 앙 레르 앙 드오르를 위해 동작을 하는 다리는 바트망 탕뒤 알 라 스공드를 지나 45도로 뻗는다. 〈사진 30〉의 왼쪽 사진처럼 다리를 옆으로 든 상태에서 지탱하는 다리의 무릎에 르티레 동작을 하고, 발끝으로 허공에 반원을 그려서 열린 자세로 돌아온다. 동

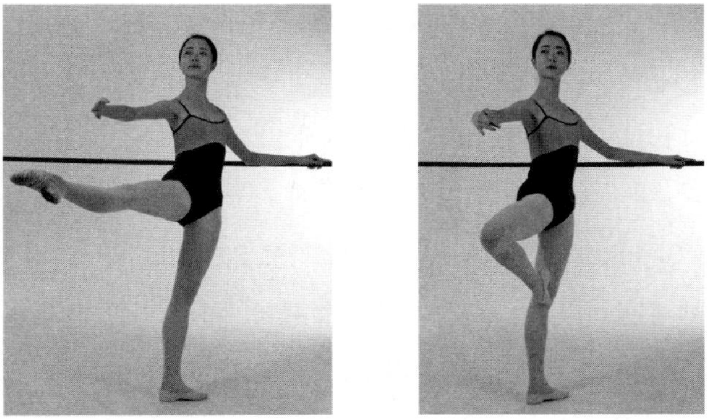

사진 30. 롱 드 장브 앙 레르 알 라 스공드와 르티레

작이 끝나면 다리는 5번 자세로 자연스럽게 돌아온다.

5번 자세 뒤에서의 롱 드 장브 앙 레르 앙 드당을 위해 다리는 바트망 탕뒤 알 라 스공드를 지나 45도로 뻗는다. 무릎은 이완해서 접고 허벅지는 팽팽한 상태에서 발은 지탱하는 다리의 무릎에 르티레 동작을 하고 뒤에서 앞 방향으로 반원을 그리며 열린 자세로 돌아온다. 동작이 끝나면 자연스럽게 5번 자세로 마무리를 한다.

일련의 롱 드 장브 앙 레르 동작들은 5번 자세로 마무리하기 전에 앙 드오르 동작을 하고, 앙 드당이 이어진 다음에 5번 자세로 마무리한다. 앙 드오르에서 앙 드당으로 혹은 그 반대로 바꾸기 위해 알 라 스공드 앙 레르 동작을 할 수 있다. 두블레 롱 드 장브 앙 레르(double rond de jambe en l'air)를 위해 동작 중인 발가락은 지탱하는 다리의 종아리 위쪽을 두 번 두드려야 하고, 바닥과 평행하게 두 번 신속하게 타원을 그려야 하는데, 여기서 타이밍과 악센트를 통해 두블레의 수준이 판가름난다.

롱 드 장브 앙 레르의 자연적인 악센트는 열린 자세를 지속시키는 데 있는데, 이를 통해 다리의 연장이 가능하고 옆 동작을 전개하고 유지할 힘을 얻는다. 특정 기법을 위해 요구되는 악센트는 안/밖-밖을 따르는 것이기 때문에 이는 연습을 통해 익숙해져야 한다. 악센트가 바깥쪽에 있을 때 다리는 일반적으로 낮은 위치에 있기 때문에 다음 방법을 숙지해야 한다. 완전히 편 앞쪽 발은 쿠드피에 자세보다 약간 위로 들어 올려야 하고, 알 라 스공드로 뻗어서 롱 드 장브 앙 드오르를 안/밖-밖 악센트로 수행해야 한다. 두 번째 롱 드 장브를 완성시키면 발은 뒤의 쿠드피에를 지나서 5번 자세로 들어온다. 그 자세에서 롱 드 장브 앙 드당이 같은 방식으로 수행될 수 있다.

롱 드 장브 앙 레르 동작을 정리하면 다음과 같다. 5번 자세에서 앞쪽 다리는 바트망 탕뒤 알 라 스공드를 통해 45도로 들었다가 무릎을 접어서 르티레 자세로 가져온다. 이때 무릎은 이완되고 허벅지는 벌려서 앞의 르티레를 충분히 지나도록 하고 나서 다리는 다시금 쭉 뻗어서 알 라 스공드를 45도 각도로 유지한다. 이 자세는 롱 드 장브 동작의 진수를 제공한다. 동작을 하는 다리 아래쪽은 롱 드 장브 앙 드오르 자세를 취하고 지탱하는 다리의 종아리 맨 윗부분에 닿지만 이전의 동작을 바탕으로 타원형을 그리며 움직인다. 그다음에 다리는 5번 자세 뒤로 마무리를 하고 앙 드당으로 이어진다. 이 준비 동작은 허벅지가 팽팽한 상태를 유지하는 데 역할을 하며, 무릎이 아닌 다리의 아래 부분으로 필수적인 롱 드 장브 동작을 할 수 있게 해준다.

롱 드 장브 앙 레르의 완전한 아름다움을 무용가뿐만이 아니라 관객들도 느끼려면 앙 드오르나 앙 드당의 방향은 다리에 의해 취해진 것을 너머 그 이상의 것과 연관된다는 점을 알아야 한다. 즉, 앙 드오르는 머리, 등, 팔과 손의 자세와 표정과도 연결되어 있다. 앙 드당도 마찬가지이다. 바를 잡고 하는 동작이 복잡해질수록 이러한 동작의 연결성은 무용예술가의 내공을 분명하게 보여준다. 이는 무용가가 정적인 중심축으로 시간과 공간을 초월한 차원과 연결될 가능성을 부여할 수 있게 된다. 여기에서 무용가의 자유가 표출되며 예술성이 구현되는 것이다.

바를 잡고 하는 수련의 마지막 단계는 지금까지 다룬 플리에, 바트망 탕뒤, 롱 드 장브 등 동작의 기초적 구성 요소를 조화된 형태로 발전시킨다. 동작의 원리는 구체적인 연습을 통해 이해되고 발전되며 확장된다. 몸, 머리, 팔, 다리 그리고 발의 상호 작용은 모두 동작에 연결되고 적용된다. 동작과 표현들이 더 확장되고 자유로워진 후에도 무용가가 '바'에서 독립된 상태에서 기초가 되는 것은 몸의 수직선에 대한 인식이다. 이러한 몸으로 체득한 인식을 통해 몸의 중심을 알고 몸의 이동도 자유롭게 할 수 있게 된다. 발레에서의 연구는 연구를 위한 연구가 아니라 구체적인 발레의 기량과 인식의 성장을 위한 것이다.

바트망 퐁뒤: 발끝까지 부드럽게

퐁뒤(fondu)는 '녹여진'이라는 뜻으로, 바트망 퐁뒤(battement fondu)는 '녹듯이 부드러운'이라는 동작 자체에 대한 설명을 포함하고 있다. 퐁뒤는 온몸을 사용하는 동작의 조화로운 질을 나타내는 것으로 다리 선의 연장이 각각의 위치에 부드럽게 도달하는 것이 중요하다. 바트망 퐁뒤는 바에서의 여러 동작과 자세를 통해 전체적인 조화를 이루게 하는 것이다. 여기서 명백한 것은 다리, 팔, 머리가 늘 조화될 필요는 없지만 중심축은 항상 유지해주어야 한다는 것이다. 따라서 무용가가 중심을 잡고 수직선을 유지하는 게 가장 중요하다. 그리고 양쪽 골반과 어깨는 수평을 이루면서 신체적인 조화와 균형을 이루는데, 이는 정신적이고 영적인 영역까지 포함하고 있다. 유일한 직립 동물인 인간은 직립하기 위해 중

사진 31. 바트망 퐁뒤 드방

심축에 대한 감각적인 이해를 갖고 있고, 이 감각이 발달해야 다양한 동작을 수행할 수 있게 된다.

바트망 퐁뒤를 위한 준비 동작은 다음과 같은데, 이를 통해 바트망 퐁뒤의 근본적인 원리를 알 수 있다. 〈사진 31〉과 같이 5번 자세로 서고 팔은 준비 동작을 취하며 드미 플리에를 한다. 움직이는 앞쪽 발은 쿠드피에 높이로 들어 올린다. 허벅지를 벌리면서 움직이는 다리의 뒤꿈치가 바닥을 따라 발가락을 당기며 무게를 지탱하는 다리의 쿠드피에 높이로 들어 올린다. 그다음에 발은 기둥 다리의 앞에 완전히 펴고 팔은 옆 알라 스공드 자세로 들어 올린다.

이 자세는 드미 플리에 깊이에서 완성된다. 그다음에 발은 비록 발가락이 바닥을 스치는 상태로 서 있지만 마치 뒤꿈치가 먼저 허공에 뻗듯이 앞으로 조금 나아간다. 허벅지의 각도로 이 동작의 크기를 알 수 있으며, 다리를 완전히 뻗었을 때 허벅지가 아래로 처져서는 안 된다.

이 시점에서 몸은 드미 플리에에서 위로 올라오면서 지탱하는 다리를 바닥과의 접촉을 유지하며 펴고, 동작을 하는 다리는 바닥으로 뻗는다.

팔을 옆으로 펴는 것과 동시에 팔과 다리 그리고 몸은 완전히 편다. 동작의 질은 '녹는다(fondu)'가 뜻하는 부드러움, 지속성 그리고 탄력성을 유지해야 한다. 동작에 사용 중인 다리가 5번 자세로 마무리하면 팔은 드미 스공드를 지나 준비 동작으로 돌아온다.

같은 유형의 동작이 십자 형태로 앞, 옆, 뒤 그리고 옆의 순서로 연속적으로 행해진다. 여기서 사용 중인 다리를 통한 완전한 연장의 느낌은 바트망 탕뒤에서와 마찬가지일 것이다. 팔 또한 십자형 순서를 따라 같은 유형을 보인다.

바트망 탕뒤에서 다리를 바닥에서 길게 쭉 편 것과는 다르게, 바트망 퐁뒤에서는 동작을 하는 다리를 공간에 들어서 완전하게 편다. 또한 바트망 퐁뒤의 시작점에서부터 양 다리는 독립적이면서도 조화로운 관계를 보여준다.

바트망 퐁뒤의 첫 자세는 움직이는 다리를 앞쪽에 놓고 5번 자세로 선다. 그다음에 두 발은 드미 플리에 자세를 취한다. 허벅지를 벌리면서 움직이는 다리의 뒤꿈치는 발가락이 바닥을 따라 끌리게 하고 발은 지지하는 다리의 복숭아뼈 높이까지 올린다. 움직이는 허벅지는 이제 45도 각도로 앞으로 들어올린다. 허벅지를 앞쪽으로 45도 드는 동작을 통해 무용가는 뒤꿈치를 앞쪽으로 올리는 느낌을 받으며 아티튜드(attitude)[6] 자세를 취한다.

이제 몸은 드미 플리에에서 움직이는 다리를 쭉 뻗어서 앞쪽으로 열면서 지지하는 다리를 편다. 여기서 다리의 각도는 45도일 수도 있고 허벅지를 들어 올리므로 90도 이상이 될 수도 있다. 양 다리는 동시에 끝까지

---

6 미술의 조각상에서 온 용어로, 발레에서 무릎을 접는 포즈를 말한다(Koegler, 1987).

펴며 팔은 앙 아방을 통해 알 라 스공드로 열고 머리는 앙 드오르로 회전하며 들어 올린다. 모든 동작은 동시에 일어나서 짧은 순간 고르고 탄력 있게 진행된다. 무용가는 몸의 끌어올림 상태와 지탱하는 다리의 편 상태를 유지하면서 동작을 하는 다리는 지지하는 발이 바닥을 누르는 압력을 통해 앞으로 편다. 팔은 드미 스공드로 편다. 동작을 하는 다리가 5번 자세로 마무리되면 팔은 준비 동작을 취한다.

바트망 퐁뒤 옆은 바트망 퐁뒤 앞과 똑같은 방식으로 시작해서 앞쪽 발이 쿠드피에 높이로 당기고 바 옆의 다리가 드미 플리에 자세를 취할 때까지 그 자세를 유지한다. 머리는 정면으로 돌아오고 팔은 준비 동작을 취한다. 팔이 앙 아방을 거쳐 바깥쪽으로 움직이며 동작을 하는 허벅지는 45도 각도로 옆으로 들어 올리고 이 자세는 앞쪽으로의 아티튜드 자세와 상응한다. 그다음에 몸은 드미 플리에에서 올라오고 팔은 옆으로 벌리고 머리는 정면을 유지한다. 마지막 포즈가 한꺼번에 취해질 때 동작에 사용되는 다리는 45도나 90도 이상으로 유지된다. 동작 중인 다리가 바닥으로 낮춰지면 팔은 드미 스공드로 낮춰지고 다리가 5번 자세로 마무리하면 팔은 준비 동작으로 돌아간다. 동시에 머리는 앞쪽 다리를 향해 앙 드당으로 기울이는데 이는 바를 향해 안쪽 사선(斜線)으로 기울어진 것처럼 보인다.

바트망 퐁뒤 데리에르는 동작 중인 다리를 뒤쪽에 놓고 발은 쿠드피에 높이로 당기며 지탱하는 다리는 드미 플리에 자세를 취하는 방식으로 전개된다. 뒤쪽 방향으로 다리를 연장하기 때문에 몸은 바트망 탕뒤를 뒤쪽으로 하는 것과 유사한 모습이 된다. 바로 위쪽 등을 밀어 올려서 상체가 약간 앞으로 기울어진 사선 각도를 만드는 것이다. 바를 잡은 손 또한 이에 맞추기 위해 앞으로 움직인다. 등의 이러한 움직임은 사용 중인 허벅지가 아티튜드 자세로 45도 각도로 들어 올릴 때 일어난다. 몸이 드미 플리에에서 위로 들어 올릴 때 팔은 알 라 스공드 자세로 들어 올리고 머리는 앙 파스(en face) 자세를 취한다. 지탱하는 다리는 완전히 펴지며 사용하는 다리는 45도 각도를 유지해서 쭉 펴든지 90도 이상으로 들어 올린다. 팔목은 팔이 앞으로 뻗으며 알 라 스공드를 취할 때 손을 회전시켜 앙 드당 자세가 되도록 한다. 몸이 이 동작에 적응하면 바 위의 팔은 좀 더 앞으로 이동하고 중심에서 약간 바깥쪽으로 사선을 따르고 있는 머리는 조금 숙여서 앙 드당 회전을 한다. 여기서도 마지막 자세는 동시에 일어난다. 동작을 하고 있는 다리가 바닥을 지나고 등은 수직선에 맞춰질 때 팔은 알 라 스공드에서부터 아치형을 그리며 중간 지점까지 내려온다. 동작을 하고 있는 다리가 5번 자세를 취하면 팔은 준비 동작을 취하고 머리는 정면을 향한다.

십자형으로 동작을 완성시키기 위해 바트망 퐁뒤는 알 라 스공드 상태에서 반복되고 앞에서 마무리한다. 바트망 퐁뒤를 위해 위에서 설명한 팔의 단순한 동작과 함께 머리의 자세와 동작들은 바트망 탕뒤와 동일하게 이행된다.

〈사진 32〉에서와 같이 바트망 퐁뒤를 위해 무용가는 팔, 다리, 머리와 손의 동작만을 이용하는 것이 아니라 앙 드오르, 앙 파스, 그리고 앙 드당 자세를 통해 몸 전체를 사용해야 한다. 또한 중심축부터 절제되고 아름다운 동작으로 확장해 나갔다가 다시 중심축으로 돌아오는 과정이 보여야 한다.

바트망 퐁뒤에서 변화된 형태의 동작으로 발전시키기 위해서는 바에서 하는 동작에서 몸의 회전을 고려해야 한다. 이 사실은 롱 드 장브 파 테르나 바트망 프라페, 심지어 바트망 탕뒤와 바트망 데가제에서 이미 설

사진 32. 바트망 퐁뒤에서 머리와 팔의 사용

명된 내용이다. 바에서 하는 동작을 좀 더 풍부하게 하고 안정성과 통제력을 강화하기 위해 바트망 퐁뒤와 데벨로페에서는 이러한 몸의 이동성이 더욱 요구된다.

몸의 회전은 방향을 전환시켜 주고 무용의 형식과 연결 동작의 차원을 높여주며 유동성을 더해준다. 동작들이 중심축에 대한 것일 뿐만 아니라 주변 공간과 관련되어 있기도 한 앙셴망(enchaînement)이 전개될 때 몸의 방향의 이러한 변화가 함축하고 있다. 방향의 단순한 변화든 피루에트(pirouette)나 푸에테(fouetté)이든 간에 회전하는 것은 몸이다. 이러한 방향이나 회전의 변화는 등과 어깨의 상호 작용인 어깨에 의해 유도된다.

바 동작에서는 몸의 방향에 주요 변화가 정면과 옆 사이의 45도 각도에서 일어나며, 바에서 밖을 향하거나 또는 바를 향해 움직인다. 팔다리가 새로운 차원으로 확장될 때에도 몸이 먼저 방향을 바꿔야 한다는 것을 인지해야 한다. 이 사실을 완전히 이해하지 않으면 동작을 길게 연장했을 때 지지해줄 것이 없어서 불안정한 자세가 되고 만다. 또한 기술의 전개가 원만하지 못하고 자세의 중심이 몸, 엉덩이 그리고 어깨 등으로 분산되게 된다.

바트망 퐁뒤에서 몸의 회전은 다음과 같이 진행된다. 다리 5번 자세에서 정면으로 서 있으면서 팔은 준비 동작을 취하고 앞쪽 발을 쿠드피에 앞으로 하고 머리는 아래로 숙여서 앙 드당을 하며 바를 향해 안쪽 사선 방향을 취한다. 앞쪽 발을 아티튜드 자세로 들기 위해 준비할 때 몸은 정면에서 벗어나고 다리를 아티튜드로 들어 올린 후 몸은 정면에서 45도 각도로 기울어지고 팔은 알 라 스공드로 올린다. 머리는 이 시점에서 손의 방향에 주의하며 회전을 한다. 몸이 드미 플리에에서 올리면 동작을 하는 다리는 몸이 택한 방향에 따라 쭉 펴지고 팔은 같은 방향으로 앙 아방으로 들고 머리는 손을 따라서 앙 드오르로 회전하면서 중심에서 바깥쪽 사선 방향을 보는데, 이 모든 움직임은 하나의 동작으로 거의 동시에 진행된다.

몸이 한 동작에서 다른 동작으로 넘어갈 때 자연스럽고 부드럽게 연결되는 것은 아주 중요하다. 이를 통해 어깨의 가장 단순한 형태가 제시될 수 있는데, 어깨는 포즈의 형태와 표현의 다양성에 크게 기여한다. 또한 중심축에 저항하는 동작을 만들고 유지하는 데 매우 중요한 기능적 역할을 한다. 한 동작에서 다른 동작으로 넘어갈 수 있게끔 만들어주는 어깨 동작은 근본적인 측면부터 가장 복잡한 차원까지 몸의 모든 동작에 대한 원리를 담고 있다. 몸이 한 자세에서 다른 자세로 이동하는 것은 어깨에서 시작된다. 어깨가 새로운 방향으로 이끌어 가는 주체가 된다. 이 힘은 등을 타고 가서 반대편 어깨로 이어지며 이를 통해 동작이 완성된다. 몸을 회전시키는 힘은 앙 드당과 앙 드오르의 상호 작용에 달려 있는데, 이 상호 작용은 중심에 대한 반대 힘을 만들어내는 원심력이 된다. 이 같은 과정은 피루에트를 할 때 완전히 이행된다. 위의 예에서 발을 쿠드피에로 움직일 때 머리는 바를 향해 약간 앙 드당으로 기울이는 것이 중심을 가로지르는 호(弧) 모양을 만드는 원동력이다. 머리의 위치는 척추와 연결되어 수직선과 중력의 중심과 관련되어 있는 목에 따라 결정된다.

몸이 정면에서 벗어나면 머리는 새로운 방향으로 자리 잡게 되고 중심축을 향해 앙 드오르 회전을 완성시키며 또 다른 방향으로의 가능성을 남겨둔다. 떠오르는 동작은 지탱하는 다리를 완전히 펴고 외향이 새로운 방향으로 조정되면서 완성된다. 동작을 하고 있는 다리는 5번 자세로 완전히 펴고 어깨와 엉덩이는 바로 세운 채로 몸 전체는 정면에서 45도 기울어 있으며, 들어 올린 머리는 정면을 향해 중심축에서 바깥쪽 사선 방향을 취한다. 이 자세는 앙 드오르 느낌을 완전히 살려서 표현해주며 머리의 각도는 동작이 시작된 중심축을 명료하게 해준다. 바트망 퐁뒤 옆을 준비하는 동작은 자세에 담긴 잠재력이며 이는 정면에서 할 수 있는 것과 직접적으로 연관되어 있다.

이제 앙 드오르와 앙 드당을 동시에 포함하고 있는 매우 아름다운 조합 동작인 바트망 퐁뒤 앙 크르와(battment fondu en croix)를 몸의 회전 동작과 함께 살펴보겠다. 바트망 퐁뒤 앞에서의 자세에서 새로운 자세를 취하려면 이전 동작을 마무리하고 새로운 동작을 할 준비를 해야 한다. 그렇게 하려면 동작에 사용 중인 어깨와 연결된 반대편 팔을 빼주어서 지탱하는 어깨로 하여금 몸이 앙 파스로 당겨지도록 해야 한다. 이 동작을 통해 앞으로 뻗은 다리가 그랑 롱 드 장브를 거쳐서 알 라 스공드 동작으로 간다. 이 자세에서 허벅지는 동작이 진행되는 동안 외향을 유지한다.

무용가는 다리 5번 자세에서 정면을 보고 바트망 퐁뒤 옆을 수행한다. 옆은 동작 중인 어깨에서 느껴지는 앙 드오르을 통해 안정되고, 그다음에 어깨가 자세를 앙 드당으로 바꾸면 자세 전체가 바뀌게 된다. 여기서 동작은 등을 가로질러 전달되어 지탱하는 어깨를 통해 몸이 정면에서 45도 틀어져서 바를 향해 갈 수 있도록 한다. 동시에 지탱하는 뒤꿈치와 허벅지는 앙 드오르를 새로운 방향으로 조정하고, 지탱하는 다리는 드미 플리에 자세를 취한다. 동작을 하는 다리는 롱 드 장브 앙 레르 앙 드오르 동작을 마무리하듯이 쭉 뻗은 발을 발목 뒤로 가지고 온다.

팔은 준비 동작으로 내려오고 머리는 바를 향해 앙 드당으로 살짝 기울이며 이 움직임 역시 동시에 마쳐야 한다. 몸이 바와 45도 각도를 이루고 지탱하는 다리는 드미 플리에를 취하며, 동작 중인 다리는 기둥 다리 위의 발목 뒤에 놓이게 하고 팔은 준비 동작을 취하면 바트망 퐁뒤 뒤를 위한 준비 자세가 완료된 것이다.

동작 중인 다리의 허벅지가 아티튜드 자세에서 45도 각도로 들리면 팔은 알 라 스공드로 올리고 머리는 정면으로 회전해 몸의 방향에 맞춘다. 다리를 계속해서 뻗으면 몸은 떠오르고 지탱하는 다리는 드미 플리에에서 위로 뻗어 올라가는 느낌을 갖고 쭉 편다. 머리는 앙 드오르로 들어 올리고 중심축에서 약간 바깥쪽으로 시선을 취하는 듯하며 팔은 옆으로 들어 올린다. 그다음에 자세가 완전한 연장을 위해 팔목은 회전하고 손은 앙 드당이 된다.

몸은 정면에서 45도 빗겨가서 바를 향해 나아가고, 지탱하는 다리는 완전히 스트레칭되며, 새로운 방향에 적응하고 동작을 하는 다리는 뒤로 뻗어 올린다. 팔은 손을 앙 드당 자세를 한 채로 옆으로 들어 올리고 머리는 앙 드오르로 회전해 들어 올리면서 중심축에서 바깥쪽 사선 방향을 취하면 날아오르는 자세가 완성된다.

십자형으로 동작을 완성하려면 몸은 마지막 바트망 퐁뒤 알 라 스공드를 위해 정면으로 돌아와야 한다. 이를 위해서는 사용 중인 어깨를 풀어주고 등을 가로지르는 동작을 통해 몸이 정면에서 45도 뒤로 돌게 해야 한다. 지탱하는 다리는 허벅지 안팎으로 압력을 느끼며 다리가 드미 플리에 자세를 취할 때 뒤꿈치는 앞을 눌러줘야 한다. 동시에 동작을 하는 다리는 발이 쿠드피에 뒤가 되도록 당겨줘야 하며 허벅지는 충분히 벌려져 있어야 한다.

팔은 앙 바를 하고, 손은 자연스러운 자세로 돌아오고 머리는 숙여서 앙 드당으로 회전하며 바를 향해 안쪽 사선을 그리듯이 보여야 한다. 앞에서와 마찬가지로 동작을 하는 허벅지는 45도 각도로 들어 올려야 하고, 팔은 앙 바를 유지해야 하며, 머리는 정면 자세를 취해야 한다. 이제 몸은 드미 플리에에서 다리가 펴지면서 위로 올라오고 동작 중인 다리와 지탱하는 다리는 완전히 펴야 하는데 이 동작들 모두 동시에 행해져야 한다.

이 연속 동작을 마무리하려면 사용 중인 다리는 바닥으로 내려오고 팔은 드미 스공드로 곡선을 그리며 머리는 앙 드오르로 회전하고 손은 앙 드당이 되어야 한다. 팔은 준비 동작을 하고 있고 동작을 하는 다리는 양 다리가 완전히 펴져서 겹쳐지는 5번 자세로 마무리한다. 머리는 옆에서 정면으로 돌아온다. 이 동작을 위해 동작에 사용되지 않는 다리는 자연스럽게 뻗는다.

위의 단계들 가운데 한두 단계에서는 를르베(relevé)나 드미 푸앙트(demi-pointe)를 가미할 수도 있다. 첫 번째 변형은 사용 중인 다리를 이용해 발을 쿠드피에 높이로 당기고 지탱하는 다리는 드미 플리에를 하는 것이다. 몸이 드미 플리에에서 올라와 계속적으로 올라가는 동작을 통해 지탱하는 다리는 스트레칭이 되고 발은 드미 푸앙트로 들어 올려질 것이다. 동작 중인 다리는 지탱하는 다리의 정강이를 따라 발을 당겨 올릴 것이며 그 다리는 이전보다 높은 아티튜드 자세를 취하게 된다.

이 동작은 힘과 제어력을 요구하며 전체가 일률적으로 실행되어야 한다. 드미 푸앙트로 올라오는 동작에 대한 두 번째 변형은 몸, 다리, 팔과 머리의 자세가 완전히 잡힌 후에 몸이 지탱하는 다리를 완전히 편 후 계속해서 올라오는 새로운 자세나 방향을 완성시키는 것이다. 드미 푸앙트에 이러한 자세들을 더하는 것은 엄청난 유연성과 균형 감각을 더해주며 무용의 큼직한 동작들이 공간에 맞게 이행되도록 해준다.

몸의 아무런 방향 변화도 없는 발을 평평하게 한 자세로 돌아오고자 한다면 쭉 뻗은 지탱하는 다리의 뒤꿈치가 바닥에 닿아서 몸이 들어 올려지는 느낌을 받아야 한다. 발이 바닥에 단단히 고정되면 위에서 언급한 바와 같이 바트망 퐁뒤 자세를 취해야 한다. 반면, 몸이 방향 변화를 시도하고자 한다면 그 변화는 팔과 머리의 움직임과 함께 드미 푸앙트를 동시에 이행하면서 일어난다. 드미 푸앙트로 회전을 하는 것의 이점 중 하나는 지탱하는 다리를 더 자유롭게 조절할 수 있다는 것이다. 새로운 방향을 잡고 나면 지탱하는 발은 다시 바닥으로 돌아온다.

이미 언급한 바와 같이 바트망 퐁뒤는 그것이 단순하든 더 복잡한 형식이든 간에 무용의 형식적인 구성 요소와 자세를 서로 조화롭게 해준다. 이 조합과 변형이 무용의 시작이다. 바트망 퐁뒤는 음악을 구분하고 표현하는 데 훌륭한 감각을 제공해줌으로써 음악의 단위와 모양, 느낌이 동작과 무용가를 통해 반응할 수 있게 한다.

데벨로페: 연장과 성장

데벨로페(développé)는 '펼치는' 또는 '성장하는'이라는 뜻이다. 이 동작은 〈사진 33〉과 같이 5번 자세에서 앞의 움직이는 다리가 발가락 끝으로 쓸 듯이 기둥 다리의 발목과 무릎을 통해 허공에서 무릎을 굽히는 동작인 아티튜드를 거쳐서 다리를 곧고 길게 펴는 동작이다. 데벨로페는 쿠드피에(cou-de-pied), 앙 파스(en face), 아티튜드를 포함하고 있는 난이도가 있는 동작이다.

이것은 바트망 퐁뒤보다 먼저 실행하기도 하지만 주로 바트망 퐁뒤를 먼저 배우고 나서 그 연장선에서 데벨로페를 배운다. 바트망 퐁뒤를 배우고 데벨로페를 배우면 유연하고 부드럽게 연결할 수 있다. 데벨로페를 통해 무용가는 무용의 복잡하고 힘있는 동작들을 실행할 수 있는 힘과 능력을 기를 수 있다. 아무리 어렵고 빠른 동작이라도 무용가가 동작의

사진 33. 데벨로페 드방, 알 라 스공드, 데리에르

원리를 터득해서 다양한 형태와 포즈를 체화하고 있다면 발레의 아름다움을 빛낼 수 있게 된다.

바트망 탕뒤와 마찬가지로 양 다리를 통과하는 동일한 힘은 각 다리가 다른 동작을 하도록 만든다. 지지하는 다리의 발을 통과하는 수직의 힘은 위치를 유지시킨다. 동작을 하는 다리의 발을 통과하는 힘은 허벅지가 측면으로 열리는 것과 연결되어 추진력을 제공한다. 5번 자세에서의 보이지 않는 압력과 함께 팔은 준비 자세로 돌아오고 머리는 정면으로 돌아간다.

간단해 보이지만 결코 쉽지 않은 이 동작에서 중요한 것은 다리가 허공에서 쭉 열리듯 펴지는 그 지점만 중요한 것은 아니라는 점이다. 이 동작이야말로 동작의 완성보다 그 과정 하나하나가 중요하다. 이 과정들이 모여서 데벨로페라는 우아하고 아름다운 동작이 완성되는 것이다. 과정들을 올바르게 실행한다면 이는 전체 데벨로페의 에너지 흐름이 추진력을 갖고 부드럽고 긴 자세를 만들어낸다. 허벅지가 측면으로 외향한 채로 다리를 들기 때문에 움직이는 발은 바트망 퐁뒤에서와 같이 쿠드피에 자세를 통과하게 된다. 그러나 여기에서 지지하는 다리는 완전히 외향인 채로 펴고 동작을 하는 다리는 발가락이 무릎 바로 아래로 올 때까지 끌어올린다. 데벨로페가 45도가 아닌 이상 허벅지의 각도는 이제 90도와 45도 사이이다. 데벨로페가 45도의 높이인 경우 허벅지는 45도 바로 아래의 높이까지만 든다. 이러한 자세는 르티레(retiré)의 기본이다.

그다음 원하는 높이로 허벅지를 들어 올려 무릎이 뒤로 당겨지고 뒤꿈치가 앞으로 끌어주는 느낌을 가지고 데벨로페의 높이를 만든다. 동작을 하는 다리가 기둥 다리의 발목, 무릎을 지나 데벨로페 동작을 할 때까지 아무런 변화가 없다. 움직이는 다리는 몸의 앞에 아티튜드 자세를 거쳐서 펴지고, 밑의 기둥 다리는 5번 자세에서 고정되며, 동작을 하는 다리를 엉덩이와 허벅지가 견고하게 지탱해주어야 한다.

데벨로페가 아래쪽 다리, 뒤꿈치로 걷는 것같이 앞으로 완전히 뻗어 높이를 유지하는 발과 함께 진행됨에 따라 머리는 바깥 방향으로 들리고 팔은 알 라 스공드 자세를 취한다. 여기에서 중요한 것은 마지막 자세가 몸과 하나가 되어야 한다는 것이다. 팔과 다리는 중심에서부터 완전히 길게 뻗어 나가고 머리의 표현과 회전은 풍부한 앙 드오르를 만들어내며 수직선은 지지하는 다리와 발 그리고 횡격막을 통한 압력으로 유지된다. 동시에 등을 꼿꼿이 유지하고 어깨를 바로 펴서 내려당기며 가슴을 열고 목의 곡선(curve)이 머리의 앙 드오르를 지지하도록 한다. 이렇게 함으로써 중심에 대한 정교하고 동조된 대조를 경험할 수 있을 것이며, 무용가는 자세에 안정감과 부드러움을 가질 수 있다. 이렇게 연장된 동작을 대조의 상호 작용을 통해 유지함으로써 무용가는 바를 잡지 않고도 동작을 할 수 있는 능력을 기를 수 있다.

5번 자세로 돌아가기 위해 동작을 하는 다리는 곧게 늘이고 발목은 완전히 펴서 둥글어지게 만든다. 다리를 내리면서 발목을 활 모양처럼 최대한의 푸앙트(pointe) 상태를 유지해야 한다. 이는 모든 자세에서 다리의 완전한 스트레칭과 엉덩이, 몸 전체의 자세를 유지시키는 역할을 한다. 이 자세는 지지하는 발이 바닥에 뿌리를 내리는 중력과 몸이 들리는 과정에서 발생하는 운동 간의 힘의 균형으로 유지하게 해준다.

데벨로페를 옆으로 하기 위해 동작을 하는 발이 기둥 다리의 발목과 무릎을 거쳐 몸의 옆에서 아티튜드를 하고 그 높이에서 쭉 편다. 즉, 움직이는 다리의 허벅지는 아티튜드 자세를 통해 측면으로 활짝 열린 느낌으로 들어 올린다. 팔은 앙 아방을 통해 알 라 스공드로 올리고 머리는 정면을 본다. 기둥 다리는 골반, 무릎과 발 전부 다 같은 각도로 외향을 유지한다. 끌어올림과 외향의 자세는 데벨로페를 위한 높이와 중심을 만들어준다.

데벨로페 동작에서 5번 자세로 돌아가기 위해 목과 손은 앙 드당으로 돌리고 머리 역시 동시에 회전해 앙 드오르로 들린다. 발끝이 옆의 바닥으로 하향할 때 팔도 같이 내리고 머리는 정면으로 돌아오며 다리는 5번 자세로 닫히고 팔은 앙 바로 돌아온다. 동작을 하는 다리는 5번 자세를 만들어 뒤로 데벨로페를 할 수 있게 준비한다. 이때 머리는 아래로 향하고 앙 드당으로 회전해서 바를 비스듬히 응시한다.

뒤쪽의 데벨로페를 위해서는 동작을 하는 허벅지를 기둥 다리의 발목과 무릎 그리고 아티튜드를 거쳐서 쭉 편다. 데벨로페를 뒤로 하는 것이 앞이나 옆보다 더 힘들다. 다리를 뒤로 뻗기 때문에 이를 지지하기 위해 상체는 앞으로 이동하게 된다. 몸과 등은 언제나 아라베스크(arabesque)나 아티튜드 등 다리의 자세가 완성되기 전에 준비되어 있어야 한다. 몸의 자세가 준비됨에 따라 허벅지가 열리며 데벨로페 높이로 뒤로 뻗어 올려서 공중에서 자세를 취한다.

데벨로페를 뒤로 하면 그 동작이 바로 아라베스크가 된다. 데벨로페 뒤로 뻗은 자세에서 5번 자세로 돌아갈 때 몸은 우선 뒤로 돌아가는 느낌을 가지고 움직여야 한다. 동시에 팔은 드미 스공드로 둥글게 굽혀 내려가고 다리는 탕뒤 데리에르 동작을 거치고 머리는 정면으로 돌아온다. 다리는 뒤에서 5번 자세로 닫히며 팔은 준비 자세로 둥글게 굽혀 내리고 머리는 아래를 향하고 앙 드당으로 회전해서 바를 향해 비스듬히 안쪽을 응시한다.

데벨로페 동작 시 중요한 점은 움직이는 다리가 열릴 때 무릎을 들어

올려 활짝 열리는 느낌을 갖고 다리의 뒤꿈치 역시 발목을 펴서 발등을 앞으로 쭉 펴야 한다. 이러한 느낌은 허벅지와 몸을 외향과 위로 끌어올리면서 생기는 것이다. 아티튜드 자세로 움직이는 다리는 엉덩이에서부터 지지되어 뒤로 뻗고 팔은 옆으로 열린다. 손목은 손을 앙 드당으로 회전시키고 머리 역시 아래로 향해 정면을 비스듬히 응시한다. 이 동작은 수직선으로 모든 몸이 중심에서 연결되기 때문에 유지가 가능하다. 몸과 횡격막은 위와 앞으로 움직이는 것에 반해 지지하는 다리와 발은 중력을 버텨주어야 하고 등은 열고 어깨는 밑으로 내려 팔과 연결되어야 한다. 다리를 90도 이상의 높이로 뒤로 들면 엉덩이가 자연스럽게 조정되어 다리의 연장선과 수직선이 조정된다. 그리고 등의 위치를 유지시키고 몸 역시 중심선에서 벗어나지 않도록 해야 한다. 엉덩이를 뒤로 연장시켰을 때 이 자세가 안정되고 이를 제어할 수 있게 되며 5번 자세에서 몸에 내재하는 대조들의 작용으로 더 높은 자세를 만드는 데 필요한 재정렬을 힘들이지 않고 할 수 있게 된다. 이 동작을 하면서 몸의 중심선과 연장선을 감각으로 느껴야 한다.

또 하나의 데벨로페 알 라 스공드 앙 크르와로 동작을 완성한다. 여기에서 데벨로페의 자세와 동작을 자세하게 순서대로 소개했지만 더 중요한 것은 무용가가 실습을 통해 힘과 몸의 사용의 원리를 알게 되는 것이다. 그러면 동작에 부드러움과 연결성이 생기게 되고, 무용가의 동작과 자세에 유연함과 우아함이 부여될 것이다.

바에서의 바트망 퐁뒤가 여러 가지 형태로 발전할 수 있는 것과 같이 데벨로페 역시 여러 형태를 취할 수 있다. 이것은 더 넓은 시공간을 자유로이 사용할 수 있는 능력을 키워주며 알레그로(allegro)의 기술 연마를 센터 워크에서 실행할 수 있도록 준비시킨다.

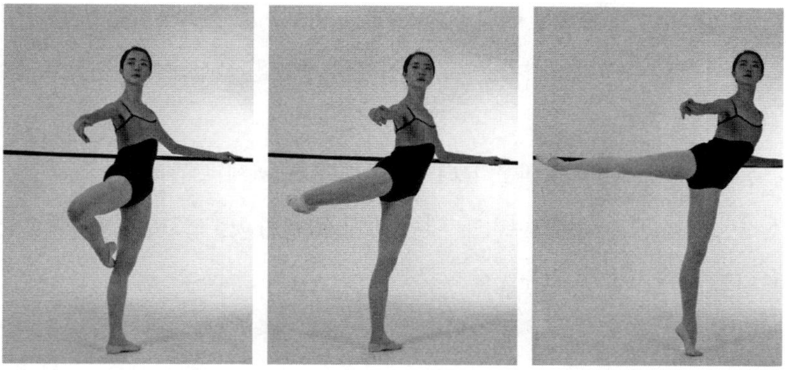

사진 34. 데벨로페 데리에르 과정

데벨로페의 변형

자유롭게 팔을 알 라 스공드로 두고 머리를 앙 드오르로 둔 5번 자세에서 시작해 손목은 손을 앙 드당으로 회전시킨다. 팔은 드미 스공드로 둥글게 내리고 머리는 앙 파스로 위치한다. 팔이 준비 자세로 둥글게 내려놓아 닫힐 때 몸은 양 발에 가해지는 동일한 압력의 자극에 반응해 뒤꿈치, 즉 발을 끌어당겨 두 무릎 뒤로 스트레칭이 된다는 느낌을 가지고 드미 푸앙트로 만든다.

〈사진 34〉와 같이 움직이는 다리는 바 쪽의 지지하는 다리를 쓸어 올리는 느낌으로 복숭아뼈, 무릎 그리고 아티튜드를 지나쳐서 분명하게 쭉 뻗은 동작을 만든다. 바와 올바른 관계를 유지하기 위해 바의 고정적인 성질을 고려해서 두 다리는 모두 재정렬되어야 한다.

드미 푸앙트에 있는 이 자세에서 동작을 하고 있는 허벅지를 들어 올려 열고 스트레칭된 발을 르티레 자세로 끌어 온다. 팔은 앙 아방으로 들고 머리는 정면을 유지한다. 허벅지가 열리고 머리가 앞을 향하게 되면 허벅지는 데벨로페에서 아티튜드 드방(attitude devant) 자세로 든다. 머리는 아래를 향하고 앙 드당으로 회전해서 정면을 비스듬히 바깥으로 응시하게 된다.

동작을 하는 다리와 발을 르티레와 아티튜드 자세로 취하는 것은 수직선을 유지시키기 위한 다리에 대한 강한 압력과 반대로 횡격막을 들어 올리는 양쪽 힘을 요한다.

바에서의 이러한 느린 동작의 드미 푸앙트 연습을 센터에서는 바 없이도 다리로 중심을 잘 잡고 실행해야 한다. 이를 통해 수직선 지점, 즉 몸의 중심선은 균형과 기량을 위해 강화된다.

다리를 무릎에서부터 앞으로 완전히 펴게 되면 팔과 머리는 위로 들고 사선 바깥쪽을 응시한다. 팔을 올리는 것을 설명하는 이유는 팔 동작의 본질적인 제어는 등과 날개뼈(견갑골)에서 이루어지기 때문이다. 마지막 자세는 머리가 바를 향해 비스듬히 안쪽을 응시하고 몸은 위치를 변화시키지 않고 5번 자세로 돌아간다. 데벨로페는 굉장히 중요한 동작으로, 부드럽게 일련의 동작이 연결되어 그 과정들이 드러나는 것이다. 보이지 않지만 중요하게 힘을 가지는 중심과 관련해서 정교하게 동작을 진행해야 한다.

이 시점에서 지지하는 뒤꿈치는 바닥으로 돌아갈 수 있으며, 움직이는 다리와 팔은 각각 준비 자세로 돌아간다. 이 연습은 드미 푸앙트의 데벨로페 앙 크르와로도 이어질 수 있다. 그러나 이것 말고도 여러 가지 흥미롭고 가치 있는 변형이 있을 수 있다.

그랑 바트망: 길고 강하게

그랑 바트망(grand battement)은 바트망 탕뒤와 바트망 데가제를 포함하고 있다. 이것은 90도 혹은 그 이상의 각도로 연장되어 만들어지는 동작으로 빠르고 제어된 실행을 요한다. 이 동작의 힘은 바닥에서부터 발생하며 바닥을 이용하는 것은 무용가가 다리를 빠르고 힘차게 움직여 안정되게 동작을 수행하는 것을 돕는다. 다리를 더 높게 들기 위해 몸을 바르게 유지시키는 것을 포기해서는 안 된다.

바트망 탕뒤와 바트망 데가제 그리고 그랑 바트망 간의 관계를 보이기 위해 다음의 조합을 예로 들어 보겠다. 바에서 5번 자세로 서서 몸과 머리를 정면으로 유지하고 자유로운 팔을 알 라 스공드로 했을 때 앞쪽 다리는 양발에 동일하게 무게를 나누어 바트망 탕뒤 드방으로 뻗고 발은 완전히 편다. 머리는 앙 드오르로 돌리고 정면을 향해 비스듬히 바깥쪽을 응시한다. 지지하는 다리가 아래쪽으로 내리는 힘과 횡격막을 통한 반대쪽의 끌어올리는 힘으로 동작을 하는 다리는 바트망 데가제를 통해 시작되고 반대쪽 어깨의 저항에 반해 45도 중간의 높이에서 유지된다. 기둥 다리의 중심을 지키는 힘이 움직이는 다리를 높게 든 후에 다시 5번 자세로 돌아오게 하는 역할을 한다.

다리를 위로 뻗을 때 몸은 가슴이 이끄는 듯 앞으로 이동하고 척추 아랫부분부터 목까지 꼿꼿하게 세운 척추의 자세를 유지한다. 등을 편 상태로 다리를 앞으로 들면 드는 다리의 각도가 90도까지는 몸을 수직으로 유지할 수 있는데, 그 이상 들게 되면 몸이 뒤로 향하게 된다. 옆으로 드는 것 역시 90도 이상을 들게 되면 지지하는 다리 쪽으로 상체가 살짝 이동하게 된다.

힘을 모으는 느낌을 가지고 다리는 5번 자세를 하며 푸앙트 탕뒤(pointe tendu)를 지나 아래로 향한다. 여기에서도 마찬가지로 양 발에 동일한 압력이 가해지고 다리는 바트망 탕뒤와 바트망 데가제를 통해 가

사진 35. 그랑 바트망 드방, 알 라 스공드, 데리에르

볍게 시작되고 그랑 바트망의 완전한 높이인 90도 혹은 그 이상까지 올려 거기에서 잠시 자세를 유지한다. 그다음으로는 푸앙트 탕뒤를 통해 다시 5번 자세로 돌아와 체중을 양 발에 고루 분산시킨다. 몸의 중심을 잘 잡는 것은 동작의 힘이 팔과 머리의 선을 방해하지 않도록 하기 위한 기본 요소이다. 이는 통베(tombé)나 그랑 주테(grand jeté) 등을 완성하는 데도 굉장히 중요하다.

〈사진 35〉에서와 같이 5번 자세에서 동작을 하는 다리는 바트망 탕뒤의 측면으로 연장되며 머리는 정면을 향한다. 이전과 마찬가지로 다리는 바트망 데가제 위의 높이로 뻗게 되고, 다시 앞으로 돌아와 바트망 탕뒤와 바트망 데가제를 통해 재빨리 옆으로 펴지고 90도 혹은 그 이상의 각도로 완전히 연장된 자세를 유지한다. 누르고 유지하는 힘과 들고 움직이는 반대의 힘이 동일해야 하고 바트망의 힘이 몸의 중심에서 벗어나지 않도록 주의를 기울여야 한다. 다리는 푸앙트 탕뒤를 통과해서 5번 자세로 확실하게 닫힌다. 다리가 들렸을 때 머리는 다리의 반대쪽 아래를 향하고, 손은 다리를 앞으로 들었을 때는 앙 드오르로, 다리를 뒤로 들었을

때는 앙 드당으로 회전한다.

그랑 바트망을 뒤쪽으로 하기 위해 다리가 바트망 탕뒤를 지나 바트망 데가제로 연장됨과 동시에 상체가 앞쪽으로 향한다. 다리가 뻗어나감에 따라 앙 드당으로 유지되고 있는 머리는 중앙을 향해 비스듬히 응시한다. 다리는 탕뒤를 통해 5번 자세로 닫히고 재빨리 바트망 탕뒤와 바트망 데가제를 통해 90도 혹은 그보다 큰 각도로 연장된 자세를 실행한다.

이 자세를 유지하기 위해 몸은 다리보다 앞서 앞으로 들어 올린다. 등은 다리 높이와 반대 방향의 느낌을 살짝 가지고 유지되어 몸을 중심에서 벗어나지 않도록 한다. 아라베스크는 5번 자세의 기둥 다리에서 분명하게 들어 올린다. 다리가 탕뒤를 통해 5번 자세로 오는 내내 몸은 반드시 끌어올림과 외향을 유지한 상태로 중심으로 돌아와야 한다. 앙 크르와 동작은 그랑 바트망을 십자 방향으로 반복하며, 머리를 정면에 두고 다리가 5번 자세로 닫히며 팔이 준비 자세로 돌아오면 완성된다.

그랑 바트망은 다리의 5번 자세에서 시작해서 5번 자세로 돌아오거나 혹은 데벨로페와 바트망을 포함하는 더 복잡한 조합으로 구성될 수 있다. 예를 들면 동작을 하는 다리와 발을 1번 자세를 통해 빠르게 앞/뒤로 교차하거나 또는 뒤/앞 등 다양한 구성으로 교차를 반복할 수 있다.

바트망 프라페 두블레(battement frappé double)에서 자연스럽게 발생하는 프티 바트망을 설명한 바 있지만 바에서 이를 연습하는 것은 데벨로페 뒤에 하는 것이 적절하다. 앞서 살펴본 것과 같이 그랑 바트망 전에 근육의 사용과 표현에 대조성을 부여하기 위해 데벨로페가 느리고 길게 연장되는 경우에는 더욱더 그러하다.

그랑 바트망은 등의 동작과 반응을 요한다. 바트망을 뒤에서 하려면 몸은 앞쪽으로 쏠리게 되고, 바트망을 앞에서 하려면 뒤쪽으로 이동해야 된다. 다리는 열린 스트레칭 자세에 강세를 두고 길고 힘차게 들어 올린다. 이 그랑 바트망은 이미 이전의 데벨로페 동작에서 준비된 것이고, 무용가로 하여금 다른 고난이도의 동작을 할 수 있도록 준비시켜준다. 이 동작 역시 팔과 머리를 다양하게 움직여 여러 가지 조합을 만들 수 있다. 조합이 간단한지 복잡한지와는 관계없이 중심선은 반드시 유지되어야 하며, 늘 안정된 자세여야 한다. 주로 그랑 바트망으로 바 워크를 마친다고 할 수 있다. 하지만 무용가가 센터 워크를 시작하기 전에 잠시 휴식을 취할 수 있도록 해준다는 점에서 를르베(relevé) 연습을 하고 바를 마치기도 한다.

변형: 구성의 재미

바에서의 모든 동작은 늘 구성을 새롭게 하고 다양한 변형(variation)으로 새로운 동작을 연습할 수 있다. 또한 하나의 동작뿐만 아니라 동작이 두 개 이상 결합되어 새롭게 구성되기도 한다. 이것은 작품을 만들 수 있는 창의력을 향상시켜 주는 일이기도 하다. 변형의 능력이 생기면 〈사진 36〉과 같이 독특한 동작을 만들 수 있다. 여기서는 모든 동작의 변형을 제안하기는 불가능하므로 하나의 사례로 데벨로페와 롱 드 장브가 결합되어 아라베스크를 만들어내는 변형을 소개한다.

몸은 앞쪽으로 들려 아티튜드로 뻗는 다리와 균형을 맞추고 아라베스크 자세를 만든다. 동시에 허벅지는 5번 자세를 마주하는 아티튜드로 들리는 듯한 느낌으로 열리고 무릎 역시 활짝 열린다. 이제 데벨로페의 높이가 완성되었고 몸은 다리가 완전히 뻗을 수 있도록 준비된다. 동시에 머리는 아래를 향하고 앙 드당으로 회전하며 정면을 향해 비스듬히 응시한다. 다리는 중심의 반대쪽인 뒤로 완전히 편다. 이렇게 몸에서 팔다리

사진 36. 조기숙 뉴발레단 〈백조의 호수-사랑에 취하다〉에서 팔 동작의 변형

를 뻗어내며 손목은 손을 앙 드당으로 회전시키고 머리는 정면이 된다. 뻗는 동작이 완료되면 머리가 회전되고 앙 드오르로 들리며 동시에 앙 드당을 유지하는 손과 균형적인 관계를 맺는다.

이렇게 해서 아름답게 펴진 아라베스크는 중심의 엉덩이에서부터 다리를 뻗게 되고 늑골을 앞쪽으로 들려 허리를 길게 늘인다. 이렇게 발레의 길게 뻗은 선들과 자세를 유지하는 것은 질량이 에너지와 동일하고 에너지가 질량과 동일하다는 상대성의 법칙과 관련된다. 신체의 질량이 반대방향으로 보내지는 에너지로 균형을 이루어 평형이 유지되는 것이다. 이것을 이해하고 직접 체험하는 것은 발레 연습에서 필수적이다.

자세를 완성하기 위해 등이 들리고 신체는 다시 중심으로 돌아온다. 손목은 손을 자연스러운 자세로 돌려놓는다. 동시에 머리는 정면으로 회전하고 허벅지 안쪽 근육의 역할로 다리를 길게 뻗는다. 동작을 하는 발에는 체중이 실리지 않고 지지하는 다리가 체중을 맡기 때문에 몸의 중심을 지나 지지하는 발의 드미 푸앙트를 통과해 횡격막을 들어 균형을 잡을 수 있게 된다. 몸이 중심으로 돌아오게 되면 엉덩이는 다리 1번 자세의 위에 정면으로 놓이게 된다. 다리는 1번 자세를 바로 지나쳐 지지하는 발이 받는 압박으로 앞으로 들린다. 다리가 45도까지 들리게 되면 팔도 들어 올려 다리와 함께 동시에 동작을 완성하고 다리는 앞으로 완전히 뻗고 팔은 앙 오(en haut)로 든다. 머리는 계속 정면을 유지하고 몸 역시도 정면에서 견고하게 유지된다. 다음 동작을 가능케 하기 위해 다리는 거의 90도까지 들고 유지된다. 이제 허벅지는 머리가 회전하는 것과 동시에 같은 방향으로 편 다리를 정면에서 45도로 놓지만 들어 올리지 않는다. 다리는 롱 드 장브에서 2번 자세로 이동하며 90도까지 들린다. 머리는 회전해서 앙 드오르 자세로 들고 비스듬히 바깥을 바라본다. 이때 수직선이 계속 유지되는 것을 잊어서는 안 된다.

롱 드 장브가 부드럽게 이루어지도록 하기 위해서는 다리는 옆과 뒤를 향하는 자세 중간의 45도로 움직이는 동안 몸이 앞쪽으로 들려야 한다. 바에 놓인 손 역시 이에 맞추어 조정한다. 앞과 옆의 중간 방향, 옆과 뒤의 중간 방향 등에서도 다양한 동작을 익혀서 신체가 조정하고 회전하는 것에 대한 적응력을 갖는 것이 아주 중요한 학습이다.

아라베스크 선이 만들어지면 자유로운 팔은 준비 자세가 되고 목과 머리는 정면을 보도록 한다. 팔은 기둥 다리의 앞으로 뻗고 들고 있는 다리 쪽 팔은 옆으로 펴는 자세인 팔의 1번 자세를 취한다. 양 손바닥은 앙 드당되어 바닥을 향한다. 다리의 전체적인 동작과 롱 드 장브의 팔과 머리는 부드럽게 이어지는 조직화된 동작으로 힘과 제어를 요하는 아름다운 표현이다.

아라베스크가 수행되면 몸이 계속 들려 있는 상태에서 뒤꿈치가 바닥을 다시 딛게 된다. 지지하는 다리의 뒤꿈치가 바닥에 닿을 때 허벅지는 드미 플리에로 열리면서 아라베스크 선을 유지하고 동작을 하는 다리는 45도로 내려간다. 다리가 계속 탕뒤로 하향됨에 따라 몸은 중심에서 조금 뒤로 들리게 된다. 데리에르를 통과하며 동작을 하는 허벅지는 다리가 드미 플리에 상태에서 발바닥 전체가 바닥에 닿도록 하며 1번 자세로 돌아온다. 팔은 1번 자세를 유지하고 머리 역시 정면을 유지한다.

다리가 1번 자세를 지날 때 발에는 전혀 체중이 실리지 않아야 한다. 움직이는 다리는 앞쪽으로 르티레를 하게 되고, 지지하는 다리는 계속 드미 플리에를 유지한다. 지지하는 발의 중력으로 인해 동작을 하는 다리는 이제 45도로 뻗는다. 바닥에 가해지는 중력과 연결된 몸은 이제 드미 플리에에서 벗어나 지지하는 다리를 펴고 일어나며, 지지하는 발의 뒤꿈치를 바닥에서 떨어뜨려 발 전체가 드미 푸앙트가 되도록 한다. 동시에 다리는 90도로 들리고 몸은 바 쪽을 향하게 된다. 이러한 몸의 회전은 지지하는 어깨가 바를 향해 정면 자세로 진행되는 것으로 이루어진다. 그다음은 어깨와 측면 그리고 몸 전체가 바를 향하도록 만들고 동시에 다리는 90도 높이까지 드는 것이다. 팔은 위로 올리고 머리는 몸이 취한 새로운 방향에 맞추어 정면으로 회전한다.

자유로운 다리는 이제 옆으로 간다. 몸이 정면에서 옆으로 움직일 때 엉덩이 사이의 폭 때문에 다리는 더 멀리 뻗어 나가는 것처럼 보일 것이다. 사실상 다리는 앞쪽으로 뻗은 자세에서 옆으로 돌리며 몸과의 관계를 달리하게 된다. 만약 무용가가 이러한 동작의 변화를 바르게 해내지 못한다면 추가된 폭은 체중을 지지하는 엉덩이와 다리 쪽으로 밀어내 수직선이 허물어지게 될 것이다.

이제 몸이 바를 향하게 됨에 따라 회전과 정지 동작은 몸과 하나가 된다. 지지하는 발은 드미 푸앙트에 놓이고 동작을 하는 다리는 90도 옆에 놓이며 팔은 앙 오이고 머리는 정면이 된다. 바에 놓인 팔은 이제 들려 다른 팔과 함께 앙 오를 만들고, 전체 포즈가 바를 의지하지 않고 스스로 할 수 있는 순간을 만들어낸다. 이것은 균형과는 다른 정지의 지점이다. 이것은 체중과 몸과 사지의 배열에는 아무런 변화가 없으며 수직선만으로 자세가 유지된다는 것을 뜻한다.

마지막 아라베스크를 완성하기 위해 상체와 어깨는 지지하는 다리 쪽을 향해 중심에서 반원을 그린다. 이렇게 함으로써 몸이 회전한 다음 앞과 위로 조정되어 아라베스크를 할 수 있도록 준비하게 되는 것이다. 지지하는 어깨와 옆구리가 이끌고 회전의 추진력을 제공하는 반대쪽 어깨와 몸이 이를 따르며 회전을 한다. 몸 전체는 정면을 향하고 바에서 90도를 유지하게 된다. 마치 뒤꿈치에서부터 이끄는 듯한 느낌으로 허벅지에서 회전하는 지지하는 다리는 외향하며 재정렬되고, 동작을 하는 다리는 아라베스크로 이어질 수 있도록 만들기 위해 뻗어 있는 상태이다. 다리가 90도의 선을 유지하도록 엉덩이는 자연스럽게 재정렬되고, 허벅지는 견고히 유지된 엉덩이부터 다리 윗부분까지 연장되는 듯 뻗어 나온다. 무용가는 자세가 지지하는 다리 위로 무게를 누르지 않도록 주의해야 하며, 이 다리는 중심에서부터 견고히 유지되어야 한다. 앙 오 자세에 있던 팔은 이제 밑으로 내려오며 동시에 정면이었던 머리 역시 아래로 향하며 앙 드당으로 회전하고 비스듬히 바깥쪽으로 응시한다. 바 쪽의 손은 위치를 조정해서 잡고 자유로운 팔은 45도로 올린다. 머리는 회전해 앙 드오르로 들며, 들어 올린 팔의 방향을 따라 표현하는 듯한 선을 만들어낸다.

우아한 마지막 아라베스크 포즈는 어깨와 팔 위쪽에서의 힘으로 유지되고 팔꿈치와 팔 안쪽 손목과 손이 가볍게 쉬도록 한다. 이때 상체는 허벅지와 다리가 펴져서 위로 끌어올림과 같이 머리를 들 때 동시에 '위로 넘어가는' 느낌이 있을 것이다. 포즈를 완성하기 위해 몸은 중심에서 뒤쪽으로 들고 바 쪽의 늘어난 다리는 드미 푸앙트의 5번 자세로 내려져 수직선을 분명히 하고 양 다리에 체중을 싣는다. 머리와 팔은 그대로 유지되어 양 팔은 1번 자세를 취하며 손목은 머리가 정면으로 하향됨에 따라 손을 조정한다. 뒤꿈치를 바닥에 다시 닿게 하고 양 다리가 5번 자세에서 긴장할 때 지지하는 쪽의 팔은 손을 다시 바 위에 올리고 자유로운 팔은 옆으로 뻗으며, 머리는 이에 따라 회전하고 앙 드오르로 들린다.

를르베: 작용과 반작용의 힘

를르베(relevé)는 '일어서다'라는 뜻이며, 몸이 위로 들리거나 일어나

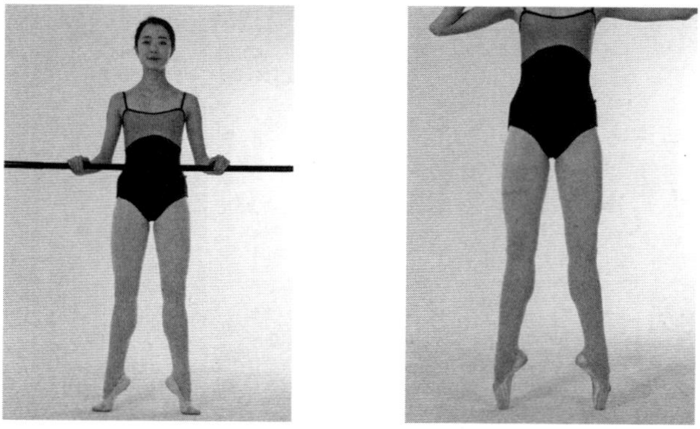

사진 37. 를르베 드미 푸앙트와 푸앙트

는 동작을 가리킨다. 발레에서 이 동작은 〈사진 37〉과 같이 발가락과 발이 만나는 부분으로 서는 드미 푸앙트(demi-pointe) 자세와 완전히 발가락 끝으로만 서는 푸앙트(pointe)를 다 일컫는다. 를르베는 바를 보고 두 손으로 바를 잡고 연습하는 경우가 대부분이지만 바에서의 다른 동작처럼 한 손으로 바를 잡고 연습하기도 한다. 를르베 동작은 바 워크 마지막에 하게 되며, 바 워크의 기본 기술과 수직선의 원칙, 그리고 동작을 하는 데 작용과 반작용이 어떻게 작용하는지를 명료하게 알 수 있게 해준다. 또한 이 동작으로 중심을 잡고 쉴 수 있는 체험을 하게 된다.

이렇게 몸이 들리는 것은 다리의 기본자세에서 플리에 없이 그대로 위로 일어나듯이 쭉 올리는 방식이 있지만 드미 플리에에서 땅을 누르며 반작용으로 약간 뛰어오르는 느낌으로 서는 경우가 더 많다. 동작의 핵심은 실제 몸이 위로 쭉 서는 것이다. 를르베는 가장 명료하게 작용과 반작용의 원칙을 드러낸다. 바닥을 이용하지 않으면 이 동작은 제대로 수행될 수 없다. 스프링이 어떻게 위로 솟는지를 생각해 보자. 이를 아래로 묶어두는 것이 무엇인지를 확인하고 제거함으로써 스프링이 잠재성을 완전히 발산해 질량과도 같은 무용가의 몸을 들어 올리도록 하는 원리이다. 몸이 일어나기 시작할 때 놓아진 스프링의 완전한 힘으로 몸은 가볍고 쉽게 들리게 된다. 만약 이러한 작용과 반작용의 원리를 모른다면 힘들게 일어나고 다리 근육이 긴장되어 근육이 기형적으로 될 수 있다.

를르베 동작을 할 때 다리와 발은 드미 푸앙트로 펴지게 되고 드미 플리에의 힘을 받아 몸이 일어나게 된다. 드미 푸앙트로 옮겨가는 지점에서 스프링 동작을 놓는 것이 일어나는데 이 동작이 아주 미묘하게 일어나지 않으면 몸은 갑작스럽게 일어나는 듯해 보이거나 힘을 과다하게 받은 것처럼 보일 것이다. 이러한 경우 를르베의 정점에서 이를 제어하는 것이 어려워진다. 드미 푸앙트로 뛰어오르는 것을 연습하는 것은 푸앙트 동작을 위해서나 상승의 기초를 만들기 위해서나 모두 중요하다. 드미 플리에에서 놓아 위로 오르는 추가적인 동작은 몸이 일어나는 도중에 힘을 받아 바닥에서 자연스럽게 행해질 수 있도록 한다. 를르베의 다양한 동작을 각각 따로 연습하는 것이 가능하지만 여러 형태를 포함하는 일련의 연속 과정으로 연습하는 것도 유용한 방법이다.

준비 자세는 다리 5번 자세에서 시작하고, 팔은 살짝 바를 잡은 준비 자세이고, 머리는 정면 위치에 둔다. 그다음 팔과 양 다리는 옆으로 어깨 정도만큼 옆으로 벌린다. 머리는 위로 들려 앙 드오르로 회전하고 중앙을 향해 비스듬히 바깥쪽을 응시한다. 쭉 뻗은 다리는 1번 자세로 닫히고 팔은 준비 자세로 돌아오며 머리도 앙 파스로 회전한다. 이제 허벅지는 드미 플리에를 하고 몸은 위로 끌어올리는 듯한 느낌으로 드미 플리에에서 올곧게 일어나 다리를 펴고 준비 자세로 돌아온다. 뒤꿈치를 바닥에 붙인 채 무릎은 완전히 펴고 자유로이 움직일 수 있는 팔은 옆으로 든다. 몸은 뒤꿈치가 바닥에서 떨어지고 발바닥으로 완전한 드미 푸앙트로 하는 내내 끌어올림과 외향을 유지한다. 동시에 팔은 드미 쿠론(demi-couronne)[7] 자세로 들고 머리는 정면을 유지한다.

몸을 계속 들고 있고 팔은 드미 쿠론 자세에 둔 채로 양 발 뒤꿈치와 바닥은 다시 바닥을 딛는다. 이렇게 함으로써 무용가는 완전히 길게 편 다리를 제어해 1번 자세에서 뒤꿈치를 바닥에 놓을 수 있게 된다. 다리는 다시 바트망 탕뒤 알 라 스공드로 열린다. 팔 역시 동시에 알 라 스공드로 하고 머리를 회전해 앙 드오르 자세로 하며 중앙을 향해 비스듬히 바깥쪽으로 응시하는 것과 함께 손은 앙 드오르 자세가 된다. 이제 손목은 앙 드당으로 회전시킨다. 자유로운 팔은 드미 스공드로 하향하고 머리는 다리와 팔이 함께 닫힐 때 정면으로 돌아온다. 따라서 다리는 1번 자세에서 완전히 스트레칭되고 팔은 준비 자세로 돌아와 닫힌다.

그다음은 허벅지가 드미 플리에로 열리고, 아까와 마찬가지로 몸은 드미 푸앙트로 오른다. 자유로이 움직일 수 있는 팔은 드미 쿠론 자세로 올리고, 머리는 앙 파스를 유지한다. 다리 특히 무릎이 뒤에서부터 완전히 뻗어 있을 때 뒤꿈치는 바닥을 향한다. 바닥에 닿자마자 몸이 일어서는 것으로, 발 전체로 드미 푸앙트에서 기본자세로 돌아왔다가 다시 빠르게 드미 푸앙트로 돌아간다. 머리와 팔은 내내 같은 자세를 유지한다. 아까와 마찬가지로 뒤꿈치는 1번 자세로 바닥에 놓이며 머리는 정면이 된다.

이제 바트망 탕뒤를 옆으로 열었다가 다시 1번 자세로 닫는다. 이는 드미 플리에와 드미 푸앙트로 일어서는 동작으로 이어지며 팔과 머리는 이전과 마찬가지로 똑같이 유지된다. 다리의 를르베는 두 번 반복되고 뒤꿈치가 바닥에 닿자마자 빠르게 다시 올라온다. 다리와 팔을 옆으로 반

7 팔을 앙 오와 알 라 스공드의 중간 지점에서 드는 것을 말한다.

복해서 열고 머리를 회전해 앙 드오르로 들어 중앙을 향해 비스듬히 바깥쪽을 응시하는 것을 여러 번 반복한다. 다리는 이제 5번 자세로 앞에서 닫고 양 다리는 완전히 펴지며 팔은 준비 자세로 닫고 머리는 앙 파스로 돌아간다. 허벅지는 드미 플리에로 열어 몸이 곧게 선 듯한 느낌을 가질 수 있도록 한다.

드미 플리에 자세에서 발에 압력이 가해지자마자 몸은 일어서게 되며 다리는 들린다는 느낌을 가지고 빠르게 펴서 올라선다. 드미 플리에에서 일어서며 몸이 동시에 들리는 동작은 몸, 다리 그리고 발이 빠르게 한 번에 드미 푸앙트로 올라서게 한다. 팔은 동작에 맞게 다양하게 구성할 수 있다. 머리는 정면을 유지하고 앙 드오르를 거치며 살짝 위로 든다.

몸이 마지막 동작으로 움직일 때 중력은 발이 뒤꿈치부터 바닥으로 움직여 바닥에 살짝 닿도록 한다. 그러나 자세를 하나의 동작으로 유지해야 할 때 양 다리는 교차된 5번 자세로 재정렬되어야 하고, 바에 놓인 팔이 들려 쿠론 자세에 있는 다른 팔과 만난다. 만약 체중이 한 곳에 정착하기 전에 이렇게 움직이게 된다면 훌륭한 동작이 매끄럽게 만들어질 것이다. 중력이 체중을 아래로 끌어내릴 때 몸이 위로 들리는 듯한 느낌은 그대로 횡격막과 몸에서 유지되어야 한다는 점에 유의해야 한다. 이때 다리와 발에는 아래로 떨어지는 힘이 강하게 느껴져야 한다. 5번 자세에서, 드미 푸앙트로 올라가는 과정에서 몸이 회전해 쉬지 않고 같은 동작을 반대쪽에서 반복하게 될 때 다리는 5번 자세로 교차해서 옮겨가는 것이 아니라 오히려 3번 자세에 더 가깝다. 여기에서 동작을 하는 자유로운 쪽 어깨는 바 쪽으로 몸 전체를 회전시켰다가 반대쪽으로 돌리며 반회전을 그린다. 3번 자세인 다리는 앞뒤로 바꾸어서 동작을 한다. 상체가 자유롭게 회전을 하기 위해서는 어느 정도 조정이 필요하므로 이때 다리는

5번 자세를 취해도 된다.

회전은 체중이 자리를 잡기 전에 몸이 다 올라온 높이에서 이루어져야 한다. 앞의 동작들은 다리를 교차한 5번 자세에서 양 팔을 옆으로 들어 균형 잡힌 자세를 만들어 간단하게 드미 푸앙트로 마무리할 수 있다.

포르 드 브라: 내공만큼 부드럽게

포르 드 브라(port de bras)는 '팔의 움직임' 혹은 '팔의 캐리지(carriage)'를 뜻한다. 캐리지는 운반차를 뜻한다. 팔 동작은 등의 자세와 동작이 어깨를 통해서 팔로 연결되는 것이다. 다양한 감정과 표현은 등에서부터 시작되어 어깨, 팔 그리고 손끝으로 연결된다. 이 모든 것이 다 포르 드 브라이고, 이 팔 동작에 무용가의 감정이 가장 잘 드러나게 된다.

팔과 손의 모든 자세와 회전 동작들은 등과 연결되어 등이 향하는 방향에 변화를 준다. 손의 이러한 회전 동작들을 위해 손목과 손가락이 이완되고 자연스러워야 하며, 팔의 전체적인 맥락과 함께 움직여야 한다. 손가락이 손목의 축을 돌며 원을 그리고 있음을 느낄 때 손 동작을 제일 잘할 수 있다. 손목과 팔꿈치의 관절은 부드러워야 한다. 목과 머리가 일직선에 위치하지만 머리는 편한 자세로 팔과 연결되어 자유롭게 움직일 수 있어야 한다. 이것이 가능한 것은 척추 사이가 부드러운 연골로 되어 있기 때문이다.

팔의 자세는 다리의 자세와 동작에 따라서 다르고 또한 어떤 발레 스타일인가에 따라 차이를 보인다. 포르 드 브라는 바른 방법이 딱 하나만 존재하는 것은 아니고 팔을 어디에 두고 어떻게 드는지에 따라 다양할 수 있다. 그러나 포르 드 브라가 다양한 방식이 있다고 해서 잘못된 방법이 없는 것은 아니고 오히려 틀린 방식은 아주 많다. 〈사진 38〉과 같이

사진 38. 조기숙 뉴발레단 〈백조의 호수–사랑에 취하다〉 중 다양한 포르 드 브라

포르 드 브라 동작은 다양하게 여러 방향으로 행할 수 있다. 포르 드 브라는 그랑 플리에, 롱 드 장브 파 테르, 데벨로페 등 모든 동작에 함께 이루어지며 동작과 분리될 수 없다. 이러한 그랑 포르 드 브라는 몸의 큰 동작들과 조화를 이루기도 하고, 때로는 동작을 인도하기도 하는데, 등을 움직여 팔의 자세를 바꾸기도 한다.

그랑 포르 드 브라는 방의 네 구석에서 각각 따로 혹은 중심에서 둥그런 동작으로 추는 레베랑스(révérence)[8]에서 기인했다. 이는 무용가가 모든 방향의 관객에게 격조 있게 인사하기 위해 구축된 동작으로 관객을 모시는 마음을 담고 정성껏 드리는 인사라고 할 수 있다. 포르 드 브라는 몸의 중심에서 이어진 동작들로서 앙 드오르 혹은 앙 드당으로 움직일 수 있고, 이러한 팔을 뻗는 동작에서 감정을 담고 신체적인 경험을 넓히면서 무용은 발전할 수 있게 된다.

여기에서는 그랑 플리에와 함께 하는 포르 드 브라와 롱 드 장브 파 테르와 함께 추기에 좋은 그랑 포르 드 브라 동작을 설명하겠다. 다리 1번 자세에서 플리에를 마칠 때 다리는 완전히 스트레칭되어 있고 손목은 손을 앙 드당으로 회전시키며 머리는 아래를 향하고 앙 드당으로 함께 회전해서 중심을 향해 비스듬히 바깥쪽을 응시한다. 가슴에서 이끄는 듯한 느낌으로 등은 꼬리뼈 부분부터 목까지 척추를 곧게 뻗어 끌어올리고 몸은 앞으로 기울여 시선과 같은 높이의 각도를 유지한다. 허리를 통과해 이어지는 과정에서 등은 곧게 펴서 유지된다.

팡셰(penchée)에서 함께하는 포르 드 브라는 몸이 바닥과 90도가 될

---

8 '존경'이라는 뜻으로 발레 공연이 끝났을 때 무용가들이 관객에게 존경하는 마음을 담아 감사의 인사를 하는 것을 말한다. 이는 발레 레슨이 끝났을 때 무용가들이 마스터와 연주자에게도 동일하게 행한다.

때까지 앞으로 기울 때 팔은 드미 스공드로 이동한다. 이때 등은 계속 곧게 뻗어 있고, 앞의 팔은 준비 자세로 돌아가며, 머리는 이 팔의 방향을 따른다. 이 시점에서 몸은 굽혀지고, 가슴은 허벅지를 마주보며, 머리는 무릎을 바라보게 된다. 이 자세는 쭉 펴짐과 동시에 편안하게 유지되어야 한다. 발이 뒤에서 각도를 잘 잡아서 엉덩이가 아래로 처지지 않도록 다리의 위치에 주의를 기울여야 한다. 이 자세는 기량적으로 어려운 동작일 뿐 아니라 신체적으로도 유용한 자세이다. 발은 바닥에 견고하게 뿌리를 내린 느낌으로 닿아 있어야 한다. 내려갈 때와 반대로 올라올 때는 어깨, 목, 머리, 순으로 원래 자세로 돌아와서 몸 전체는 척추 시작부터 끝까지 바른 자세를 유지한다. 다리는 1번 자세로 놓고 머리는 정면을 향한다. 이 동작은 다리와 발을 통한 아래로 향하는 압력과 동시에 위로 횡격막이 들리는 듯한 느낌으로 균형을 잡아야 한다.

다리와 발을 통과해서 아래로 향하는 압력과 횡격막과 배에서 들리는 힘이 균형을 잡아서 몸은 꼿꼿한 자세로 몸을 늘여 서 있게 된다. 이때 허리는 뒤로 주저앉으면 안 되고 같은 곡선을 따라 움직인다. 팔은 옆으로 열리고 손과 머리는 앙 드오르로 회전하며 들린다. 포르 드 브라는 다리의 2번 자세, 4번 자세 그리고 5번 자세에서 다 만들어진다.

2번 자세에서 포르 드 브라를 하기 위해서는 다리와 팔을 알 라 스공드로 움직이고, 머리는 회전하고 앙 드오르로 들며, 손은 앙 드당으로 만든다. 자유로운 팔은 등을 지나 앙 오 자세로 올리고 머리는 이 움직임을 따라 정면을 지나 앙 드오르를 위해 들며 바를 향해 앙 드오르 자세를 취한다. 이때 손은 자연스럽게 바 위에 놓는다. 머리와 팔은 같은 자세로 유지하며 몸을 들어 바 쪽으로 굽힌다. 이 동작은 중심을 지나며 이동하는 것으로 이때 몸의 위치는 변하지 않는다.

무용을 하면서 동작을 하는 쪽을 자유롭게 늘이며 움직인다는 것을 쉽게 알 수 있게 된다. 바 옆쪽에 있는 몸을 들어 올리는 것만큼이나 중요한 것은 허리와 엉덩이가 내려앉는 느낌을 갖지 않도록 하는 것이다. 돌아오는 동작은 자유로운 쪽의 허리에서 시작해서 몸을 중심으로 끌어놓는다. 팔은 알 라 스공드로 열고 손은 앙 드오르가 되며 머리는 바 쪽으로 유지한다. 지지하는 팔 역시 바에서 들려 위로 움직이면 머리는 이 동작을 따라 정면을 지나 앙 드오르 자세를 취하며 중앙을 향해 비스듬히 바깥쪽을 응시한다. 이제 몸은 자유로운 쪽으로 들려 뒤로 넘어간다. 몸이 측면으로 휠 때 팔과 머리의 자세는 변하지 않아야 한다. 몸은 중앙으로 돌아오고 지지하는 팔은 처음과 같이 바에 돌아온다. 자유로운 팔이 앙 아방을 거치고 머리는 정면으로 되며 손을 자연스럽게 놓는다. 이 경우 지지하는 쪽의 팔은 바에 놓게 된다.

또 달리 취해볼 수 있는 자세는 알 라 스공드를 하고 있는 자유로운 팔이 앙 아방을 거쳐 몸이 수직선으로 돌아올 때 다시 알 라 스공드로 여는 것이다. 몸이 측면으로 늘어나는 이 느낌은 등이 포르 드 브라를 할 때 느끼는 들리고 구부러지는 그것과 같은 것이며, 이 두 경우 몸의 위치는 따라 움직이지 않아야 한다. 이 포르 드 브라 역시 다리 1번 자세, 4번 자세 그리고 5번 자세에서도 할 수 있는 동작이다.

다리 5번 자세에서의 포르 드 브라에서 몸은 앞으로 숙이게 된다. 이 때 체중이 양 다리에 고루 실리는 것에 주의하고, 중심이 흔들리지 않도록 유의해야 한다. 몸이 제자리로 돌아와 서며 좀 전과 같이 자유로운 쪽의 팔은 앙 오를 거쳐 알 라 스공드로 가고 머리는 정면이 된다. 몸은 이제 앞쪽으로 굽혀져 포르 드 브라와 같이 바 쪽을 향한다. 머리는 목에 힘을 빼고 이 동작을 따라 어깨 쪽으로 움직인다. 이제 포르 드 브라는 측면으로 휘고 에카르테(écarté) 방향으로 돌아가게 되며 머리는 정면이 된다.

둥근 동작을 따라 몸은 포르 드 브라를 연장시켜 그다음 사선 뒤 방향으로 움직이며, 이때 머리도 사선 뒷 방향을 따라 앙 드오르로 회전하고 몸은 허리부터 동작을 따라가 중심의 수직선으로 돌아간다. 팔은 알 라 스공드로 열린다. 손은 앙 드당 자세로 회전하고 이 동작을 따라 머리는 아래로 향하게 되고 중심 쪽으로 비스듬히 응시한다. 포르 드 브라는 자유로운 쪽의 팔을 알 라 스공드로 놓고 손을 앙 드당으로 회전시키는 것으로 마무리될 수 있으며, 또는 팔을 준비 자세로 닫고 머리를 앙 파스로 두는 것으로 끝낼 수 있다.

포르 드 브라는 함께 연결된 몸이 중심에서 늘 길고 부드러운 곡선으로 움직인다. 가장 중요한 것은 허리의 동작으로 척추 윗부분 목과 등에서 늘이는 동작의 느낌이다. 몸을 둥글게 움직일 때 모든 방향으로 늘어나는 것처럼 느낄 수 있다. 그러나 겉으로 늘어난 것처럼 보이게 하기 위해 표현력을 잃어서는 안 된다. 포르 드 브라가 중요한 이유는 팔 동작에 정서가 가장 풍부하게 실려 있다는 점이다.

포르 드 브라는 다양하게 행할 수 있는데, 다음과 같은 방식으로도 할 수 있다. 자유로운 쪽의 팔은 앙 아방에서 앙 오 자세로 들고 머리는 정면으로 든다. 몸은 정면 아래쪽으로 45도 향하고 몸과 팔을 함께 내린다. 몸은 그대로 두고 팔은 다운스테이지(downstage)[9] 에카르테 방향으로 연장시키고 손은 앙 드당으로 회전한다. 몸은 이제 바에서부터 무대 앞쪽 사선 방향으로 살짝 늘이며 팔이 드미 스공드를 지나 알 라 스공드 자세

9 무대의 앞부분으로 객석에서 가장 가까운 쪽을 말한다.

로 움직일 때 함께 든다. 손은 앙 드당을 유지하고 머리는 이 동작의 선을 따라간다.

몸은 바 쪽으로 둥글게 구부려지며 옆에서 업스테이지(upstage)[10] 에카르테 방향으로 펴서 중심의 수직선 위로 세워진다. 팔은 앙 아방으로 들고 머리는 정면을 바라본다. 이 동작은 팔이 알 라 스공드로 열리고 머리는 앙 드오르로 회전해 열린다.

포르 드 브라 움직임은 허리에서 시작되며 몸의 중심 주변으로 움직이는 동작이므로 엉덩이의 견고함과 수직선을 예의주시하는 것이 요구된다. 5번 자세에서의 포르 드 브라는 교차된 5번 자세의 다리와 함께 앙 드당을 하므로 굉장히 유용하게 쓰일 수 있으며, 이러한 동작은 중심에 대한 평형감을 더욱 정교하게 만들어준다. 여기서 설명된 포르 드 브라는 다리를 1번 자세, 2번 자세, 4번 자세 혹은 5번 자세에서 모두 할 수 있는 동작들이다.

발레에서 머리의 동작이나 회전을 말하기 전에 우선은 정면을 알아야 한다. 앙 파스(en face)나 앙 플라스(en place)는 중심에서 정면으로 똑바로 바라보는 것을 말한다. 〈사진 39〉와 같이 머리의 회전은 자유롭고 강렬할 수도 있지만 반드시 중심으로 자연스럽게 돌아가야 한다. 머리를 회전하는 것은 보기 위한 것이며, 머리의 자세는 바라보는 영역과 방식을 가리킨다. 즉, 앙 드오르는 앙 드당과 완전히 다른 방식이다. 만약 팔이 옆으로 들었을 때 양쪽 손의 검지가 시선의 바깥쪽에 위치하고 눈은 정면을 똑바로 응시하고 있다면 팔과 손이 시야에 들어오도록 팔의 위치를 잡아야 한다. 그것이 자연스러운 팔의 위치이고 그럴 때 가장 부드럽

10 무대의 가장 뒷부분, 즉 객석에서 가장 먼 쪽을 뜻한다.

사진 39. 조기숙 뉴발레단 〈백조의 호수-사랑에 빈하다〉 중 머리 회전

고 확장된 팔의 선이 만들어진다. 머리가 앙 드오르 혹은 앙 드당으로 돌아가면 이러한 각도는 자연적으로 이 선을 따라가게 된다. 머리의 앙 드오르라는 회전은 두 가지의 움직임을 가지는데, 첫째는 암시된 선을 따라 측면으로 내다보는 것이고, 둘째는 시선을 바깥 혹은 위를 쳐다보는 것으로 얼굴을 약간 드는 것을 말한다. 앙 드당 머리 회전에서 머리는 우선 약간 아래로 향한 후 돌리며 시야는 측면에 있는 팔의 선 바로 안쪽으로 같은 선을 따라간다. 응시는 눈으로 이루어지는데 앙 드당과 앙 드오르는 모두 중심을 암시하며, 이 둘의 차이를 이해하는 것은 머리가 무용의 신체적이고 감정적인 표현에서 얼마나 중요한지를 말해준다.

마지막 두 개의 팔 동작에서는 팔의 동작이나 좀 더 넓고 연장된 다리의 자세에 따라 동작이 넓어지는 포르 드 브라만의 느낌이 아주 분명히 느껴진다. 이것은 몸뿐 아니라 다리, 특히 다리 뒷부분을 연장시킨다. 몸 전체를 곧게 펴는 힘찬 느낌으로 만들어지는 이 동작의 표현 효과는 상당하다. 특히 앙 드오르와 앙 드당 간의 대조로 인해 모든 팔 동작이 전체 동작과 갖는 연결성은 무용 동작을 좀 더 깊게 느낄 수 있게 한다. 몸의 중심을 명료히 하면서 만들어진 이 아름다운 동작들은 공간에서 무용가들이 자유를 느끼는 것을 뜻하기도 한다. 즉, 중심이 분명할 때 자유를 느낄 수 있는 것이다.

포르 드 브라는 몸의 다양한 연장선을 만들어내고 여러 가지 표현을 하기 위해 다채로운 조합을 형성한다. 위에 설명한 예시들은 주로 사용되는 동작과 방향만을 논한 것이다. 포르 드 브라는 어깨의 동작과 자연스럽게 연결되어 머리와 팔의 움직임을 앞 혹은 양 옆으로 달리할 수 있게 한다. 또 중요한 점은 얼굴과 목의 위치를 통한 선의 변화, 어깨, 팔, 손목과 손가락 그리고 손끝이 향하는 곳에 눈빛이 연결되어 있다는 것이다. 무용가의 정신과 감정이 포르 드 브라 동작으로 모두 드러난다. 이 모든 포르 드 브라는 몸 전체 동작과 조화를 이루어야 하며, 이러한 조화를 통해 무용가는 자신의 영혼을 드러낼 수 있게 된다.

4. 센터 워크

발레 한 클래스가 보통 90분이라고 한다면 바(barre)에서 45분 정도의 수업을 한 후 연습실의 중앙에서 수업을 한다. 센터 워크(centre work)에서는 붙잡은 바 없이 무용가가 스스로 몸의 중심을 잡고 동작을 진행해야 한다. 센터에서는 바에서와는 다르게 다양한 방향으로 좀 더 폭넓게 움직일 수 있고, 그러기 위해서는 스스로 몸에 대한 제어력이 필요하다. 센터에서는 한 다리가 바트망 탕뒤의 측면으로 연장되고, 발이 바닥에 놓여 체중이 양 다리에 고루 실리는 2번 자세의 자연스러운 폭을 만들어낸다. 수직선은 '바'라는 장애물이 없기에 자연스럽게 발생한다. 여기서 발은 바에서와 마찬가지로 무용가의 발 한 발 반 정도의 거리를 두고 간격을 만든다.

센터에서는 바에서 했던 동작들을 기반으로 연결 스텝을 구성해서 좀 더 다양한 동작을 연습하게 된다. 센터 워크에서 무용가는 스스로 몸 전체와 팔의 자세에 의해 균형을 잡고 동작을 연습한다. 다음으로는 아다지오(adagio)라 일컫는 느린 동작들의 조합이 이어진다. 이는 데벨로페(développé)나 아라베스크(arabesque) 등의 동작을 팔 동작과 호흡을 중심으로 진행한다. 그다음에야 무용가는 알레그로(allegro)라 불리는 작고 빠른 도약 동작들을 연습하게 된다. 주로 이 단계에서 여성 무용가는 이전 자세와 동작들을 발끝만으로 서는 완전한 푸앙트(pointes) 자세로 연습하게 된다.

신체 각 부분과 조화를 이루는 동작의 관계는 리드미컬한 유형을 만들어내고, 이는 연습에 사용되는 음악에 반영되어야 된다. 음악은 리드미컬한 유형과 일련의 동작들의 흐름, 자세의 유지 그리고 감정과 표현을 고려해 이에 맞게 연주되어야 된다. 동작에 맞는 음악은 발레의 모든 차원을 빛나게 한다. 또한 음악은 무용가에게 자연스러운 동작과 내면의 감정을 표현하게 하고, 이렇게 함으로써 예술가 개인의 예술성과 개성을 드러나게 한다. 이렇게 시작하는 수업은 무용가로 하여금 몸의 모든 근육과 뼈에서 힘, 제어와 조화를 기를 수 있도록 한다. 바에서 키웠던 원칙과 형태 그리고 잠재력이 드디어 센터에서 드러나게 된다.

예술성이 있는 발레는 감성, 지성, 영성이 잘 통합되어 동작으로 드러나고 그 표현 또한 편안하고 아름다워야 한다. 동작만 잘하는 기술 그 자체는 별로 의미가 없고, 역으로 기량이 따르지 않는 감정이나 생각만으로는 예술적 교감이 불가능하다. 즉, 보이는 형상 없는 발레는 존재하지 않고, 드러나지 않는 아름다움은 예술이 될 수 없다. 내용과 형식은 항상 서로를 보완하며 성장하고 그렇게 함으로써만 위대한 예술이 만들어진다.

센터 워크에서는 위치 감각과 수직선에 대한 인지, 늘이는 것과 중력과의 조화, 바닥을 올바르게 사용하는 데에서 오는 내재된 힘 등 신체가 움직이는 원리를 바르게 이해하는 것이 중요하다. 이것은 머리로 공부해서 되는 일이 아니라 연습과 수련을 통해 몸에 체득되어 발현된다. 연습을 통해 무용가는 기본자세를 시작하고 새로운 중심을 설정해 위치, 방향과 자세를 변화시키게 된다. 이러한 안정성을 유지하기 위해 지켜야 하는 규칙은 몸이 알아서 해야 한다. 이러한 원리들이 터득되었을 때 무용가는 동작의 실행과 표현에서 점점 더 큰 자유를 얻게 된다. 이 자유는 무용가를 성장하게 하고 무용하는 것에 대해 희열을 느끼게 한다.

센터 동작은 바에서 연습한 동작을 기본으로 하되 좀 더 다양하고 풍요롭게 진행하는 것이다. 하지만 센터 워크의 묘미는 역시 전혀 예측하지 못한 새로운 동작을 만들어낼 때이다(조기숙, 2010a). 물론 이는 쉽게 생기는 일은 아니고 동작의 원리를 터득하고 나서 오는 자유의 경지이다. 이 수준에 도달하면 비로소 왜 그리도 오랜 기간을 발레라는 경전을 충실하게 따르며 답답한 나날을 버텨 왔는지 그 의미가 이해된다. 센터 워크에서는 바 워크에서 했던 동작의 설명이 반복될 수가 있다. 그래서 중복을 피하기 위해 좀 더 간단명료하게 설명하겠다.

플리에

플리에(plié)는 바 워크에서 설명했듯이 문자 그대로 '접기' 또는 '굽히기'이다. 발레에서 이 동작은 무릎을 발가락 방향으로 굽히는 것을 말하며, 거의 모든 발레 스텝에 이 동작이 내재되어 있다. 이러한 이유로 초보자들이건 숙련된 무용가이건 이 동작의 원리를 잘 이해하고 연습을 해야 한다. 만약 다리 1번 자세와 같이 발이 서로 가까이 위치한다면 뒤꿈치는 그랑 플리에가 이루어질 때 바닥에서 들리지만, 2번 자세와 같이 발이 서로 떨어져 있다면 이 동작을 하는 내내 발 전체가 바닥에 붙어 있게 된다. 그랑 플리에에서 몸은 내려갈 수 있는 한 가장 밑으로 내려가지만 드미 플리에에서는 뒤꿈치가 땅에서 떨어지기 전에 멈춘다. 드미 플리에는 종종 더 복잡한 스텝의 준비 단계에서 사용되고 한 다리 혹은 두 다리를 모두 굽힐 수 있다.

플리에를 잘못된 방법으로 할 수 있는 가능성은 굉장히 높다. 만약 등을 곧게 펴고 끌어올림을 하지 않는다면 그랑 플리에를 했을 때 몸의 제어력을 잃게 된다. 그렇게 되면 모양이 우아하지 않고 이상하게 되며, 다양한 동작을 할 수 있는 가능성은 없어진다. 이 교묘한 경계는 사실 백지 한 장의 차이라고 할 수 있다. 이 약간이 차이를 알고 실행하기 위해 발레를 하는 사람들은 얼마나 많은 노력을 기울이는지 모른다.

센터에서의 플리에는 〈사진 40〉에서와 같이 정면을 향할 수도 있고 사선을 향하는 등 다양한 방향으로 연습할 수 있다. 또한 5번 자세로 수직선을 따라 다리를 교차하는 것은 다양한 잠재성을 부여한다. 이것은 발레의 가장 중요한 열쇠 중 하나라 할 수 있다. 다리 1번과 2번 자세에서의 플리에는 수평적으로 다양한 움직임보다는 수직 혹은 공중에서의 움직임을 준비하는 자세이다. 이 두 자세는 상대적인 간단한 동작으로 발끝으로 서는 도약 동작의 기본자세로 사용될 때가 많다.

3번 자세는 수직선을 따라 두 다리의 뒤꿈치를 동일하게 겹치는 것이다. 센터 워크에서는 한 다리가 중심을 통과해 지지하는 쪽을 통한 미세한 조정을 거침으로써 두 다리에 동일하게 중력의 중심을 놓게 된다. 이것은 3번 자세뿐 아니라 5번 자세에도 적용된다. 무용가는 바에서 이 두 자세를 세밀하게 준비하고 연습해야 센터에서 정확히 이 동작을 해낼 수 있다.

발의 자세는 수직선을 통과하는 다리로 인해 만들어진다는 것을 반드시 염두에 두어야 한다. 발이 다리와 완전히 일치성을 가지고 위치하지 않으면 바닥에 닿는 발에 바닥을 이용해 발생하는 힘이 방해를 받게 된다. 몸으로 수직선을 모르면 이 힘이 다리와 연결되어 몸을 균형감 있게 움직이는 것이 불가능하게 된다. 그러면 무리한 힘이 들어가게 되고 이

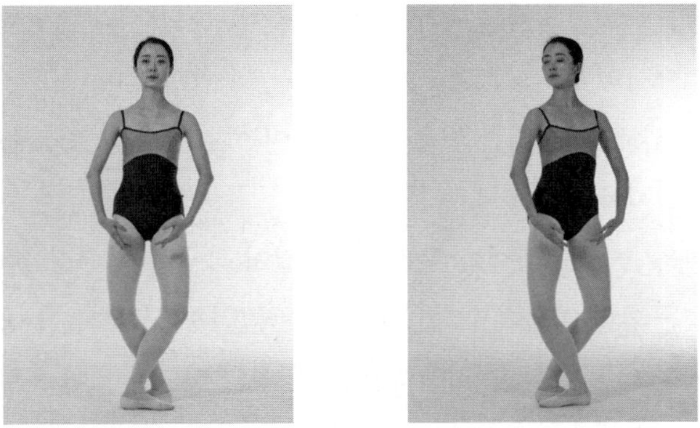

사진 40. 5번 자세에서의 드미 플리에 정면과 사선

상한 근육들이 생기게 된다. 양 다리가 동일하게 중심을 교차해 통과되는 것은 굉장히 중요하고 다른 동작을 할 수 있는 잠재력이 된다. 뒤꿈치가 바닥에 닿는 방식을 조정할 수 있으며, 이는 아킬레스건 전체에 영향을 주어 다른 방식으로 동작을 할 수 있게 한다. 이것은 수평적 · 수직적인 범위를 크게 확장시키며 플리에와 함께 발레의 가장 근간이 되는 움직임을 만들어낸다.

만약 무용가가 양 다리를 동일하게 움직여 수직선을 따라 통과한다면 3번 자세의 모든 가능성을 증가시키게 되며, 결과적으로 5번 자세로 이어진다. 5번 자세에서 다리는 앞발의 뒤꿈치가 뒷발의 엄지발가락 관절 바로 옆에 놓이게 될 정도로 겹친다. 다리의 5번 자세가 발까지 견고히 연결되지 않으면 다리만으로는 동작을 행할 수 없고, 유용하지도 않다.

2번 자세에서 다리를 측면으로 늘여 자연스럽게 플리에를 하는 것과 같이 4번 자세 역시 자연스럽게 다리를 앞뒤로 놓아 플리에를 한다. 2번과 4번 자세는 1번, 3번 그리고 5번 자세에서 만들 수 있다. 4번 자세는 2번 자세와 마찬가지로 체중을 중심에 두고 이를 안정적으로 유지하기 위해 양 다리에 고루 중심을 분배해야 한다. 이는 바에서와 동일한 원칙이지만 센터에서 바를 잡지 않고 하는 것은 결코 쉽지 않다. 무용가는 자세를 만들기 위해 한 다리만을 움직이는 것이 아니라 몸을 조정해서 양 다리를 재정렬해야 한다.

이 규칙은 좀 더 복잡한 상황에서도 똑같이 작용된다. 다리 3번 자세나 5번 자세 등 닫힌 자세에서 2번 자세로 움직일 때 이 규칙을 사용해 매끄럽고 정확한 이동을 할 수 있게 되며, 엉덩이의 견고한 제어 또한 가능하게 된다. 닫힌 다리 자세에서 4번 자세로 이동할 때, 특히 5번 자세에서 4번 자세로 이동할 때 다리를 늘이고 양쪽 골반이 정면에 위치하도록 특별히 주의를 기울여야 한다. 이 규칙은 그 반대의 경우인 열린 자세에서 닫힌 자세로 이동할 때에도 동일하게 적용된다.

2번 자세를 더 넓게 혹은 더 좁게 움직일 수 있는 것과 같이 4번 자세도 역시 간격을 조정해 여러 가능성을 갖게 된다. 4번 자세에서 같은 중심을 유지한다면 앞 다리를 퐁뒤(fondus)로 굽혀 그 다리를 좀 더 짧게 하고, 뒷다리에 그만큼의 길이를 더할 수 있다. 이렇게 하는 것은 바닥에서의 더 깊고 넓은 연장을 허용해 가장 강력하고 아름다운 자세를 만들 수 있게 하기 위해서이다.

다리의 다섯 가지 기본자세는 발레에서 필요로 하는 마루 위에서의 모든 동작을 할 수 있는 기반을 제공한다. 다리의 지지를 견고하게 하고 플리에를 추가해 발생하는 도약이 공중으로 확실하게 뛰어오르게 하려면 다리의 안쪽 선, 즉 다리 중심을 따라 뻗은 선이 곧아야 한다. 다리의 자세가 시작되는 고관절은 무릎 관절과 수직으로 놓여야 하며, 무릎 관절은 발 중심과 수직으로 놓여야 한다. 엉덩이 뼈와 뒤꿈치를 정렬하는 골반 그리고 무릎에 체중을 수직으로 싣도록 주의를 기울여야 한다.

이 곧은 선이 완성되면 가장 중요한 움직임이 일어나게 된다. 고관절이 반대 방향 위쪽으로 들리도록 하는 뒤꿈치와 발을 따라 내려가는 움직임이다. 이 동작을 통해 다리 전체에 정교한 균형이 발생하며, 뒤에서부터 무릎 관절을 조이게 된다. 앞에서 무릎을 끌어올리는 것이 과하면 허벅지 근육을 과다하게 발달시켜 다리를 뒤로 젖히는 경향이 생기게 된다.

발바닥으로 내려가고 다리와 엉덩이로 올라오는 이러한 대조의 상호 작용은 바닥의 힘과 직접적인 접촉을 허용한다. 이 상호 작용 혹은 힘의 내구력을 위한 근육의 당김과 수축은 중심의 형성과 자세를 유지하는 데 필수적이다.

앙트르샤

앙트르샤(entrechat)는 '꼬거나 짜다'라는 뜻으로, 이 동작은 다리의 5번 자세에서 공중으로 뛰어올라 공중에서 두 다리를 빠르게 교차하는 동작이다. 센터 워크에서 행해지는 경우에 〈사진 41〉과 같이 5번 자세에서 공중에 생동감 있게 뛰어올라 종아리를 재빨리 교차시키게 된다. 교차되는 횟수를 앙트르샤 다음에 숫자로 표시한다. 즉, 앙트르샤 카트르(entrechat quatre)는 네 번 교차할 때 사용하는 용어이고, 앙트르샤 시스(six)는 여섯 번 교차할 때의 용어이다. 횟수가 많아지면 혼자서는 실행하기 힘들고 남자 무용가가 여자 무용가를 들어 올려주면 더 많은 횟수를 교차할 수 있게 된다. 너무 여러 번 교차하려 하면 부상을 당할 수 있다.

무용가가 더 많은 교차를 해낼수록 당연히 기량이 훌륭한 무용가로 여겨지며, 몇몇 남성 무용가는 한 번 뛰어올라 여덟 번까지도 해냈으나 이는 거의 기적에 가까운 것이라 보면 된다.

사진 41. 조기숙 뉴발레단 〈백조의 호수-사랑에 반하다〉 중 앙트르샤

파 드 샤

파 드 샤(pas de chat)는 단어 내용 그대로 마치 고양이가 뛰어오르듯 두 발이 잠깐 공중에서 맞닿는 가벼운 도약 동작이다. 〈사진 42〉와 같이 다리의 5번 자세에서 한 발이 먼저 파 드 샤를 하면서 뛰고 내려오면 다른 발도 이어서 파 드 샤를 하고 뛰었다 내려온다. 이 동작의 가장 큰 특징은 가벼운 것으로 공중에서의 자세이지만 바닥에 쿵하고 착지하지 않는 것이 중요하다. 고양이들은 거의 소리를 내지 않고 가볍게 착지한다. 발레에서 착지는 조용하고 가볍게 하는데, 그럴 수 있는 것은 착지의 순간에도 끌어올림을 유지하기 때문이다. 우리의 일상에서도 요란한 착지를 하지 않도록 노력해야 한다.

카브리올

카브리올(cabriole)은 '깡충거림'이라는 뜻으로, 발레에서 흥겹고 즐거운 순간에 적절한 귀엽고도 작고 가벼운 스텝을 말한다(〈사진 43〉 참조). 카브리올은 앞, 뒤, 양 옆 그리고 여러 준비 자세에서 출 수 있는 동작으로 공중에 뛰어올라 공중에서 다리를 교차해야 한다. 특정 스텝이나 동작은 마치 문학 작품에서와 마찬가지로 작품의 전체적인 맥락에서 그 의미를 갖게 된다.

파 발로네

파 발로네(pas ballonné)는 '부푼'이라는 뜻으로, 를르베(relevé)로 올렸다 내렸다 하면서 하는 동작을 말한다. 이 동작은 모든 방향으로 출 수 있고 또 반복해서 출 수 있다. 이 동작에서 무용가는 극도로 우아하고 작은 스텝들과 깡충거리는 움직임을 하는데, 다리는 까딱거리게 된다.

사진 42. 조기숙 뉴발레단 〈백조의 호수-사랑에 통하다〉 중 파 드 샤

사진 43. 조기숙 뉴발레단 〈몰라요〉 중 카브리올

사진 44. 조기숙 뉴발레단 〈백조의 호수–사랑에 통하다〉 중 아티튜드 데리에르

프랑스어로 발롱(ballon)이라는 단어는 다들 예상하듯 풍선(balloon)이라는 뜻을 가지고 있으나 발레에서 이것이 사용되었을 때는 풍선과는 관계가 없다. 그러나 풍선처럼 마치 공중에 가볍게 잠시 떠 있는 것으로 연관을 지어도 좋다. 그 주된 목적이 가능한 멀리 그리고 가장 높이 뛰는 것인 서커스 곡예사와 발레리나를 구분짓는 것이 바로 이 동작이 만들어 내는 착시 현상이라 할 수 있다. 주테(jeté) 동작에서와 같이 무용가가 공중에서 높이와 거리를 확보하고 올려 있는 찰나를 갖는 것이 굉장히 중요하다. 진정한 무용가의 도약을 정의하는 숨도 멎은 상태로 '공중에 뜨게 되는' 그 순간을 파 발로네는 실행해야 한다.

아티튜드

아티튜드(attitude)는 '자세'라는 뜻인데, 한 다리를 굽혀서 들고 다른 다리로 균형을 잡는 동작을 칭하는 발레 용어이다. 〈사진 44〉에서와 같이 다리를 들 때 드는 다리는 외향을 유지해서 들린 발과 무릎은 바닥과 수평을 유지해야 한다. 이 동작은 앞, 옆 그리고 뒤로 다 실행할 수 있고 공중에서 접은 다리를 쭉 펴면 아라베스크가 된다. 또한 아티튜드는 몸과 다리의 방향에 따라서 다양하게 변형이 가능하다. 예를 들면 다리를 아티튜드로 뒤로 들고 몸을 들린 다리쪽 사선으로 틀면 〈사진 45〉와 같이 아티튜드 크로와제 데리에르(attitude croisée derrière)가 된다. 무용가는 푸앙트 혹은 드미 푸앙트로 서고 뒷다리는 굽혀져 몸의 뒤에서 동작을 한다.

발레에서 대부분의 프랑스어 용어를 보면 포즈 혹은 동작의 성질을 어느 정도 알 수 있는데, 아티튜드는 전혀 그 뜻을 알 수 없는 용어 중 하나이다. 아티튜드라는 단어는 '자세'라는 뜻도 가지고 있으나 발레에서는

사진 45. 조기숙 뉴발레단 〈백조의 호수-사랑에 빈하다〉 중 아티튜드 크르와제 데리에르

이것이 특정한 감정이나 태도를 전달하기 위한 의도를 가지고 있는 것으로 해석할 수 있다.

만약 발레리나의 아티튜드가 우아하고 가벼우며 표현력이 뛰어나면 인생에 대한 무용가의 태도 역시 비슷하다고 전제해도 좋을까라는 질문을 해볼 수 있다. 물론 그럴 수 있지만 그렇지 않을 수도 있다. 무용가는 최선을 다해 동작을 실행하고 있기 때문에 대부분의 경우에 그 동작에 무용가의 철학과 성격이 담길 수 있다. 하지만 동작이 익숙해져서 기교적으로 세련되게 수행하는 경우에는 그렇지 못할 수도 있다. 이것은 무용가뿐만이 아니라 모든 사람에게 해당된다. 보통 사람들의 경우에 인간의 몸과 행동에서 그 사람의 품격이 드러나게 되는데 행동이 아주 세련된 경우에는 품격을 위장할 수도 있다.

파 드 듀(pas de deux)의 일부로 아티튜드를 할 경우 전반적인 효과가 달라진다. 발레리나가 주인공이기는 하지만 이 동작에서는 어쩔 수 없이 두 무용가에 의해 생겨나는 조화와 균형감이 발생하기 때문이다. 무용가들을 따로 떼어 보자면 각각 편안하고 우아하게 완전한 제어를 하고 있지만 서로가 가지는 관계는 개별적인 모든 무용가에게 늘 특별하고 새로운 차원을 부여한다.

아라베스크

아라베스크(arabesque)는 '아랍식'이라는 뜻으로, 〈사진 46〉과 같이 한 다리로 지지하고 다른 다리는 뒤로 펴서 드는 동작을 말한다. 팔은 가장 긴 선을 만들어 동작을 조화롭게 만들면서도 몸의 균형을 잡게 역할을 한다. 이 동작은 여러 변형이 가능하지만 오랜 시간 동안 유지할 수 있지는 못하다. 발레리나는 한 발의 끝으로 균형을 잡고 관객에게 아라베스크의

사진 46. 조기숙 뉴발레단 〈그녀가 논다-여신 항아〉 중 아라베스크

찰나를 보여주고 바로 이를 거둔다. 그러나 정확하게 제어된 팔, 손, 다리, 몸과 머리의 움직임이 만드는 우아함은 긴 여운을 남긴다. 아라베스크를 이해하는 데 몸통과 등, 그리고 다리 사이의 관계와 등 위쪽의 동작을 숙지하는 것은 필수적이다. 바닥을 눌러서 반작용을 통해 올리는 동작을 해야 팔다리와 등이 중심축과 진정한 연결을 유지할 수 있다. 아라베스크는 다양하게 동작을 구성하고 여러 가지로 변형시킬 수 있다.

이 동작을 위한 음악은 여러 가지가 있지만 아다지오(adagio)의 특성으로 인해 다음과 같이 두 가지 중요한 특징을 갖게 된다. 우선 몸과 사지의 제어된 움직임이 있고, 두 번째는 동작을 통해 분명히 찾아볼 수 있는 유지되는 자세가 있다. 음악은 동작들의 율동적 관계와 탄력에도 영향을 미친다. 예를 들어 롱 드 장브에서 아라베스크로 이동하는 것은 느리게 지탱되는 일련의 동작들로 이루어질 수도 있고 혹은 빠른 한 동작으로 만들 수도 있다. 또한 푸에테(fouetté) 동작도 마찬가지로 빠르게 혹은 느리게 만들어낼 수 있다. 동작들이 빠르고 훌륭하게 만들어질 때에는 세세한 하나하나의 동작이 정확하도록 주의를 기울여야 한다. 그렇지 않으면 이 부분의 역할과 아름다움에 영향을 미쳐 전체 동작을 그르칠 수 있다.

아라베스크 팡셰

아라베스크 팡셰(arabesque penchée)는 아라베스크의 변형으로 아라베스크 동작을 한 상태에서 〈사진 47〉과 같이 몸을 아래로 깊숙이 숙이는 것이다. 이 동작은 주로 파 드 듀에서 여성 무용가가 남성 파트너의 가벼운 지지를 받아 가능하다. 발레리나는 즉시 다른 동작으로 옮겨갈 잠깐의 자세이지만 잠시 동안 두 무용가의 일치된 우아함을 훌륭히 드러

사진 47. 조기숙 뉴발레단 〈그녀가 온다–여신 서왕모〉 중 아라베스크 팡셰

내 보이는 순간이다.

팡셰를 뒤로 할 때에는 몸은 허리에서부터 들어 올려 뒤로 눕듯이 뻗어 등이 뒤로 둥글게 말리며 만들어내는 다양한 각도를 느끼며 뒤로 곧게 뻗는다. 움직이는 팔은 앙 오 자세를 유지하고 머리는 정면을 유지한다. 몸이 이렇게 곡선의 다양한 각도에 따라 늘어나는 이 동작에서 허리가 뒤로 처지거나 척추가 무너지는 것 또는 다리가 바닥과 연결성을 잃게 되는 것에 주의해야 한다.

데벨로페

데벨로페(développé)는 〈사진 48〉과 같이 굽혔던 다리를 지탱하는 쪽의 발목, 무릎, 아티튜드를 거쳐서 앞, 옆 그리고 뒤로 쭉 뻗는 동작을 말한다. 이 동작 역시 여러 변형을 만들 수 있으며, 종종 바트망이나 다리를 빠르게 움직이는 다른 동작들과 함께 하기도 한다.

대부분의 발레 동작과 움직임에서와 같이 데벨로페에서도 균형이 굉장히 중요하다. 바 워크에서는 바에 지지하기에 균형을 좀 더 쉽게 잡을 수 있지만 센터 워크에서는 아무 데도 기댈 곳이 없기에 균형을 잡는 것이 어렵다. 조금이라도 판단을 잘못 내리게 되면 찰나의 실수로 균형을 잃게 된다. 이는 무용뿐만이 아니라 삶에 적용될 수 있는 원리이기도 하다. 〈사진 49〉와 같이 데벨로페 동작도 다양한 변형이 가능하다.

발레리나를 보면 그녀의 몸이 완벽한 균형을 잡고 있음을 알 수 있고, 표정을 살피면 그녀의 마음 역시 완벽한 평정을 찾았음을 느낄 수 있다. 만약 발레리나가 균형을 잡고 침착하게 데벨로페를 행할 수 있다면 그녀의 몸 안에 깃든 정신과 영혼 역시 평정심과 고요함을 갖고 있을 것이다. 인간의 마음은 몸 안에 들어 있기 때문이다. 그래서 발레는 인간을 성장

사진 48. 조기숙 뉴발레단 〈그녀가 논다-여신 항아〉 중 데벨로페

사진 49. 조기숙 뉴발레단 〈그녀가 운다-여신 무산신녀〉 중 데벨로페

하게 하고 또한 수양도 하게 한다.

피루에트

피루에트(pirouettes)는 몸을 완전히 회전시키는 동작으로 이 역시 다양한 변형이 가능하다. 파 드 듀에서 남성 파트너는 피루에트를 시작하려는 발레리나를 가볍게 잡아준다. 피루에트의 시작과 끝점을 남성 무용가가 제어한다고 해도 과언이 아니며, 남성 무용가는 언제 놓아야 하고 잡아야 할지 잘 알고 있다. 그리고 자신의 파트너를 꽉 잡고 있는 듯해 보여서도 안 된다는 점 역시 인지하고 있다.

피루에트 동작은 보는 이로 하여금 어지럼증을 느끼게 하기도 한다. 또 이 동작을 하는 무용가 역시 어지러울 수도 있다. 피루에트를 완벽하게 해내는 경우에는 전기에 감전된 것과 같은 전율을 느끼게 된다. 이 동작의 본질은 정지된 자세가 아니라 계속 움직이는 것이기에 그 어떤 사진으로도 이 동작을 정확하게 보일 수 없다.

푸에테(fouetté)는 '회초리로 때리다'라는 뜻으로, 기둥 다리로는 플리에와 를르베를 반복하고, 움직이는 발은 롱 드 장브 앙 레르를 하면서 가능한 한 여러 번 회전하는 동작이다. 이 동작의 기본적인 자세는 우선 다리를 드미 푸앙트에 놓고 앞으로 들어 시작한다. 다른 동작에서는 움직이는 다리를 완전히 펴고 지지하는 다리를 움직이지 않았기에 기둥 다리가 계속 플리에와 를르베를 진행하는 것은 고난이도 동작이다. 이렇게 하는 것이 도약과 푸에테의 기본을 닦는 것이다.

그랑 주테

주테(jeté)는 '던지다'라는 뜻으로, 〈사진 50〉에서와 같이 한쪽 다리를 멀리 던지듯이 또는 무엇인가를 뛰어넘듯이 두 다리를 쫙 벌리고 공중으로 도약하는 동작이다. 이것은 발레 동작 중 난이도가 높은 것으로 높이 뛰어오르는 동시에 다리를 활짝 벌려야 한다. 그러면서도 동작을 자연스럽고 편하게 해내야 한다. 무용가가 뛰어올라 공중에서 잠깐 멈추게 된다면 훨씬 더 좋겠지만 여태까지는 이를 해낸 이가 아무도 없다. 일시 정지된 듯한 느낌을 보인 무용가는 있다. 이러한 느낌을 너무나 잘해내는 무용가들은 보는 이로 하여금 무용가가 정말로 피할 수 없는 중력의 법칙을 이겨내고 공중에서 멈춘 것 같다는 착각을 하게 만들기도 한다.

만약 손으로 스프링을 누른다면 강력한 반대 힘이 생성된다. 손을 스프링에서 놓는 간단한 행동은 스프링을 튕겨 나가게 한다. 이는 스프링의 나가는 동작으로 이어지고, 그 힘은 이미 나가기 전에 눌렀던 힘에 의해 규정된다. 추가적이고 불필요한 힘은 전혀 필요하지 않다. 스프링을 눌렀던 손을 빼면 스프링이 펴지는 것이지 그것을 눌렀던 사람의 팔이 앞으로 나가지 않는다. 나아가는 힘은 눌렀던 힘과 대조를 이룰 것이다. 이러한 대조의 힘 없이는 도약 동작이 가능하지 않다. 움직임의 힘 혹은 역학은 정렬된 대조에서 잠재성을 가지고, 그 안에서 다양한 모양, 자세 혹은 형태로 유지되는 것이다.

파 드 듀에서 남성 무용가의 보조적인 역할은 그 어떤 곳에서보다도 그랑 주테(grand jeté)에서 가장 잘 드러난다. 파트너에게 보내는 아주 미묘한 지지가 너무 드러나 보이면 우아함과 매끄러움의 효과를 덜 볼 것이다. 남성 무용가는 침착함과 명민함 그리고 찰나의 타이밍에 더해 상당한 체력을 가지고 있어야 하며, 모든 동작은 쉽고 완벽하며 자연스럽게 보여야 한다.

어쩌면 우리의 모든 일상은 위와 같을지 모른다. 우리는 거의 대부분

사진 50. 조기숙 뉴발레단 〈그중에 제일은 사랑이라〉 중 그랑 주테

우리가 무엇을 해야 하는지 알고 있지만 그것이 계획대로 되지 않고 순간적으로 우연히 발생하는 경우가 허다하다. 사실 즉흥적이고 순간적으로 진행되었을 때 비로소 이것이 가치를 지니고 체화된 우아함이 드러나게 된다.

프티 바트망 쉬르 르 쿠드피에

프티 바트망 쉬르 르 쿠드피에(petit battement sur le cou-de-pied)에 동작에서 발레리나는 오른발을 왼쪽 발목 앞뒤로 번갈아 빠르게 움직인다. 이 스텝은 혼자 해도 전혀 무리가 없지만 파 드 듀(pas de deux)에서 파트너의 지지를 받았을 때 더욱 민첩하게 할 수 있다. 발레에서 대부분의 동작은 다리를 빠르게 움직이는 것을 요한다. 때로 이 동작은 공중에서 수행하기도 하고 푸앙트로 서서 하기도 한다. 파 드 듀에서는 발레리노가 발레리나와 경쟁하려 하는 것이 아니라 발레리나의 무용을 좀 더 돋보이게 보조적인 역할을 하는 것이 중요하다. 즉, 발레리노가 자신을 내려놓고 발레리나를 잘 받쳐주는 것이 심리적으로 그리고 예술적으로도 중요한 덕목이다.

알레그로

알레그로(allegro) 동작은 느리게 추는 아다지오(adagio)와는 반대로 아주 빨리 도약 스텝을 하는 것이다. 이 동작들은 바와 센터에서 하는 많은 스텝을 포함하고 있으며, 추가적으로 다리로 하는 도약과 종아리에서 뛰는 도약을 포함하고 있다. 이 동작들은 공중에서 한 번 혹은 그 이상을 한다. 알레그로는 개별적 동작이 가장 많이 사용되고, 다음의 동작들이 있다. 우선은 탕 르베(temps levé), 샹주망(changement), 에샤페(échappé),

아상블레(assemblé) 등이 있다. 주테(jeté) 종류에는 그랑 주테(grand jeté), 주테 파세(jeté passé), 주테 앙 투르낭(jeté en tournant), 시손느 우베르트(sissonne ouverte), 시손느 페르메(sissonne fermée), 시손느 통베(sissonne tombée), 탕 드 퀴스(temps de cuisse) 등이 있다. 그 밖에는 수브르소(soubresaut), 롱 드 장브 소테(rond de jambe sauté), 파 드 샤(pas de chat), 파 드 바스크(pas de basque), 소테 드 바스크(sauté de basque), 시조(ciseaux), 파 발로테(pas ballotté), 샤세(chassé), 투르낭(tournant) 등이 있다. 물론 거의 모든 동작은 변형이 가능하고, 여기에서 안무자나 교사의 스타일이 드러나게 된다. 바트리(batterie) 중에는 르와얄(royale), 앙트르샤(entrechat), 브리세 페르메(brisé fermée), 카브리올(cabriole)이 있으며, 이 동작들 역시 각각의 변형을 가지고 있다.

푸앙트에서의 발레

발가락 끝으로 서서 하는 푸앙트(pointe)에서의 무용은 여러 관점에서 발레리나의 궁극적인 성취이자 미학이라 할 수 있다. 푸앙트는 푸앙트 슈즈(pointes shoes)[11]를 신고 발끝으로 서서 하는 동작이다. 발레를 몇 년 수련해서 기초가 다져져야 푸앙트 슈즈를 신을 수 있다. 푸앙트 슈즈를 신고 하는 동작이야말로 날고 싶은 인간의 욕망을 가장 잘 표현하는 예술이 발레라는 것을 확인하게 한다. 그렇기에 발레 무용가는 체중이 무거우면 불리하다. 몸과 마음이 가벼워야 하고, 사실 가진 것이 많아도 나는 데 지장이 있다. 자신이 먹고 살 만큼만 있으면 된다.

바와 센터에서 연습한 동작의 대부분은 푸앙트로 할 수 있다. 수련이

11 한국에서는 푸앙트 슈즈를 주로 토 슈즈(toe shoes)라고 한다.

잘 된 발레리나는 기본 연습과 함께 이를 바와 센터에서 연습한다. 푸앙트로 추는 특정 동작들 몇 가지는 탕 르베(temps levé), 에샤페(échappé), 글리사드(glissade), 탕 리에(temps lié), 아상블레 수트뉘(assemblé soutenu), 주테 온 푸앙트(jeté on pointes), 시손느(sissonne)가 있다. 푸앙트로 할 수 있는 연결 스텝과 동작은 파 드 부레(pas de bourrée), 쿠페(coupé), 글리사드 등의 동작으로 한 자리에서 다른 자리로 이동하며 체중을 한 발에서 다른 발로 싣는다.

파 드 듀

파 드 듀(pas de deux)는 발레에서 남녀 듀엣을 위해 특별히 만들어진 용어이다. 파 드 듀는 발레의 꽃이라고 할 정도로 발레의 정수를 가장 잘 보여주는 형식이다. 파 드 듀에서 남성 무용가의 역할은 발레리나가 주테와 같은 화려한 동작을 하는 것을 돕는 것이 대부분이었다. 그러나 발레가 발전함에 따라 남성 무용가의 중요성과 더불어 개별성이 부여되었다. 오늘날에는 발레리노가 물론 발레리나를 보조하는 역할을 하지만 여성 무용가만큼이나 중요한 역할을 한다. 포스트모던 시대에 파 드 듀는 발레리나와 발레리노의 안무에 한정되지 않으며, 여성 무용가들끼리도 혹은 남성 무용가들 간에도 할 수 있는 무용의 방식이 되었다.

두 무용가의 동작이 이상적으로 일치하는 것은 모든 파 드 듀의 핵심이며, 둘 중 어느 한쪽이라도 잘못하게 되면 공연 전체를 망치게 된다. 상호 의존과 조화가 꼭 따라야 하며 이제까지 발레계에서는 성공적인 협력이 발전해 왔고 발레 작품에는 멋진 장면이 축적되어 왔다. 즉, 협력과 협업이 파 드 듀의 성공적인 발전을 가져왔다.

파 드 듀에서는 조화도 아주 중요한 요소이다. 남성 무용가의 물리적인 지지는 여성 무용가로 하여금 더 높이 뛰게 하고 공간에서의 시간을 늘려준다. 또한 〈사진 51〉에서 볼 수 있듯이 파 드 듀에서는 여성 무용가가 혼자서는 할 수 없는 특정 자세를 남성 무용가의 몸을 활용하거나 남성이 들어주어 공중에서 유지할 수 있도록 한다. 그랑 주테, 아티튜드, 아라베스크 팡셰, 앙트르샤 카트르 등이 그 동작들이다. 특히 공중에서 어느 정도 순간을 유지하면서 이동하는 다양한 들어올리는 동작이나 파트너의 힘에 의지해서 동작을 할 수 있는 동작은 파 드 듀에서만 가능하다.

〈사진 52〉에서 보듯이 발레리나는 파트너의 몸을 이용해서 혼자서는 못 하는 동작을 실행하기도 한다. 이러한 동작은 굉장한 기술을 요하므로 아직 기초를 연습하는 무용가들이 함부로 시도해서는 안 된다.

발레의 모든 작품에서 끝맺음은 아주 중요하다. 즉, 논리적이고 알기 쉬운 결말이 필요하다. 어떤 작곡가들은 자신의 음악을 끝맺지 못해 힘들어 하고, 어떤 작가들은 글을 끝맺지 못한다. 어떤 사람들은 언제 입을 다물어야 할지 모르고 또 어떤 이들은 언제 하는 일을 끝내야 하는지 몰라 힘들어한다. 어쩌면 많은 사람이 끝이라는 아쉬움 때문에 맺음은 자연스럽고 뭔가 멋있어야 한다는 생각을 가지고 있는 듯하다. 이런 사람들은 커튼이 내려올 때 파 드 듀를 해내는 무용가들을 부러워할지도 모른다. 연주곡에서는 이것이 코다 또는 한 파트를 공식적으로 끝내는 것으로 해결된다. 발레의 파 드 듀에서는 주로 발레리노가 발레리나를 들고 있는 것으로 마무리를 하는데, 무용가들이 음악이 끝날 때 이 동작을 하면 관객들은 열화와 같은 박수를 친다. 파 드 듀를 추려면 솔리스트 이상 급이 올라가야 할 수 있다.

파 드 듀를 이해하기 위해서는 코르 드 발레(corps de ballet)를 이해하고 군무의 기반을 다져야 한다. 그 어떤 무용가도 코다를 거치지 않고 솔

사진 51. 조기숙 뉴발레단 〈백조의 호수-사랑에 취하다〉 중 들어올리는 파 드 듀

사진 52. 조기숙 뉴발레단 〈그녀가 운다–여신 무산신녀〉 중 기대는 파 드 듀

리스트나 주역이 되어서 파 드 듀를 하는 경우는 없다. 코르 드 발레라는 용어는 발레단을 구성하는 개별적인 무용가들의 집단을 말한다. 코르(corps)는 대표 무용가와 주니어 무용가들을 포함한다. 그러나 대부분의 발레는 어느 정도 많은 무용가가 함께 공연하는 것이고, 사실 발레단은 무용가들의 집단으로서 존재한다. 코르 드 발레는 심포니 오케스트라와도 같아서 때로는 개별적인 동작들이 중요성을 띨 때도 있지만, 주로 〈사진 53〉에서와 같이 같은 동작을 동시에 한다. 오케스트라에서의 조화는 모든 개별 연주자를 지휘해 이들을 하나로 만드는 것이 필수적이다. 물론 지휘자가 그 역할을 한다. 그에 반해 코르 드 발레에서 안무가는 무대 뒤에서 역할을 한다. 하지만 발레 공연에 요구되는 모든 복잡한 동작들과 수많은 사항들을 조화롭게 하나로 묶어 주제를 전하는 분위기를 만들어내는 사람이다.

오케스트라의 지휘자는 언제나 오케스트라의 공연이 끝날 때 인사를 하지만 발레 안무가는 발레 공연이 끝나고 나서 인사를 하지 않는 경우가 많다. 발레 공연에서 안무가는 보이지 않지만 늘 공연 현장에 있다.

공연이 끝나고 마지막 커튼콜(curtain-call)에서 모든 출연자는 진정한 감사함을 갖고 관객들에게 정성 어린 인사를 한다. 여기에 관객들은 박수와 환호로 답한다. 한 번밖에 살 수 없는 인생(You Only Live Once)과도 같이, 그 순간이 지나면 형태 없이 사라지는 발레 공연이지만 그 순간의 감동은 영원하기 때문이다.

사진 53. 조기숙 뉴발레단 〈그녀가 온다-여신 서왕모〉 중 군무

에필로그

발레, 인간을 성장과 초월로 인도하는 길

인간은 왜 하늘을 날고 싶어 하는가? 여기서 하늘은 그 어디에도 없지만 그 모든 곳에 존재하는 무한한 가능성이자 잡을 수 없는 꿈이다. 인간은 몸으로 이 땅에 와서 삶을 살아내야 한다. 즉, 삶은 몸으로 땅에서 사는 것이다. 그렇다면 그것이 전부일까? 인간은 육신과 삶을 초월하기를 꿈꾼다. 그것이 바로 '나는 것'이다. 발레만큼 '나는 것'에 대한 의미와 가치를 잘 드러내는 예술은 없다. 발레의 세계적인 보편성이 바로 이 점이라고 필자는 규정한다.

나는 인생의 많은 시간을 발레를 하며 무용 환경에서 지냈다. 아무리 한평생이 짧다고 하지만 그래도 실로 오랜 세월 발레와 함께 살아온 것이다. 그런데 내 몸은 발레를 수행하기에 적합하지 않은데다가 발레라는 예술의 권위와 규격에 대한 회의와 질문은 쉽게 해결되지 않았다. 그런데도 숙명이라고나 할까, 답과 무관하게 내 인생은 그 길로 가고 있었다. 나의 발레에 대한 질문은 결코 책이나 다른 사람의 경험에 의해 답을 찾을 수 없는 것이었다. 내 몸이 직접 체험을 통해 그 답을 찾아야만 되었다. 영국에서 유학 중에 몸학(somatics)을 공부하면서 몸에 대한 좌절과 열등감을 극복하게 되었고, 내 몸을 찾고서야 발레의 철학적이고 사회적인 의미를 알게 되었다. 그리고 발레가 인간에게 주는 의미도 알게 되어 점점 더 발레가 좋아졌다. 발레가 아니었더라면 나의 약하고 왜소한 몸이 이렇게 건강해지고 자신감을 가질 수 있었겠는가? 나는 지금 내 몸과 마음을 치유해주고 내 삶에 활력을 넣어준 발레가 무한히 고맙기만 하다.

발레를 깨닫는 데 중요한 점은 발레 동작에 대한 이해인데, 동작 그 자체는 감정을 바로 드러내지 않는다는 점이다. 발레는 다른 무용예술이 그렇듯이 사물의 묘사나 자연의 재현을 하지 않을뿐더러 그것들이 중요한 것이 아니다. 발레는 관객에게 무엇인가를 보여주기 위해 몸으로 연기를 하는 것이 아니다. 발레는 무용가가 세상을 바라보는 사유이자 세상과 인간을 해석하는 방식으로 그것이 무용가의 동작으로 드러난다. 발레는 수많은 동작이 창조되고 연결되며 무용가가 해석하는 그만의 세계를 나타내 보이는 예술이다. 발레는 세상의 아름다움을 표현하는 것이 아니라 춤을 보는 사람들과 한 공간에서 온 몸으로 하나 되어 영혼의 교감을 이루게 한다. 그럼에도 불구하고 발레는 몸의 예술이라 아무리 멋진 생각이라도 동작으로 드러나지 않으면 그 의미가 없다. 발레 무용가는 몸으로 관객을 몰입하고 감동하게 만드는 사람이다.

인류는 진화를 계속하고 있다. 진화의 목적은 아름다움을 실현하는 데 있다. 인간과 자연 모두 어딘가에 그 깊이와 정도가 얼마건 간에 아름다움의 잠재된 싹은 늘 존재한다. 우리는 이 아름다움이 우리 존재와 함께하기를 원하기 때문에 춤을 춘다. 아름다움은 인간을 더 격조 있고 우아하게 한다. 기술의 발전을 초월해서 지속적으로 아름다움을 추구하는 것은 인류가 지향해야 하는 목표이기도 하다. 인간을 아름다운 차원으로 인도하는 길이 바로 발레이다. 필자는 좀 더 바람직한, 아름다운 세상을 만드는 데 무용이 그 역할을 하리라 굳게 믿는다. 남녀, 노소, 강자와 약자, 부자와 빈자 가릴 것 없이 우리 모두 손에 손잡고 함께 춤추는 세상을 만들어나가야 하지 않겠는가? 그것이 바로 이 땅에서 발레가 필요한 이유일 것이다.

부록

발레 용어

■ **바 워크(barre work) 동작**

발레 수업에서 바를 잡고 연습하는 동작의 용어이다.

- 그랑 롱 드 장브 주테 grand rond de jambe jeté

다리로 원을 그리며 크게 던지는 동작이다. 기둥 다리와 몸통, 골반은 움직이지 않은 상태에서 움직이는 다리만 사용해 골반의 외향과 유연성을 훈련시키는 동작이다.

- 그랑 바트망 grand battement

다리를 크게 던지듯 드는 동작으로 강하게 차고 내려올 때는 다리 힘을 잡아서 5번 자세로 돌아온다. 모든 방향으로 할 수 있다.

– **롱 드 장브 앙 레르** rond de jambe en l'air

'공중에서'라는 뜻으로 공중에서 다리로 원을 그리는 동작이다. 옆으로 열린 다리의 허벅지는 고정된 상태에서 무릎 이하의 하퇴 부분만 앙 드오르(en dehors), 앙 드당(en dedans) 방향으로 구부렸다 다시 펴는 것이다.

– **롱 드 장브 파 테르** rond de jambe par terre

'원을 그리다'라는 뜻으로 다리로 바닥에 원을 그리는 동작으로, 기둥 다리를 기준으로 원을 밖으로 그리는 앙 드오르와 안으로 그리는 앙 드당이 있다.

– **바트망 데가제** battement dégagé

'어떤 상태에서 벗어나다'라는 뜻으로 발끝까지 쭉 편 탕뒤 상태에서 발끝을 바닥에서 드는 동작이다.

– **바트망 데벨로페** battement développé

'펼쳐지다' 또는 '성장하다'라는 뜻으로 5번 자세에서 움직이는 다리의 발끝이 기둥 다리의 복숭아뼈와 무릎을 거쳐 위로 올라가서 허공으로 다리를 쭉 펴는 동작이다.

– **바트망 데벨로페 파세** battement développé passé

파세는 '지나가다'라는 뜻으로 들려 있는 다리가 기둥 다리의 무릎 옆을 지나 다른 방향으로 열리는 동작이다.

– **바트망 를르베 렁** battement relevé lent

'올라가다'와 '천천히'라는 뜻으로 부드러운 아다지오 성격으로 다리를 들어

올리는 동작이다.

– **바트망 바튀 쉬르 르 쿠드피에** battement battu sur le cou-de-pied

바튀는 '부딪히다', '때리다'라는 뜻으로 쿠드피에가 튕겨져 나가는 느낌으로 발목을 치면서 열고 닫는 것을 반복하는 동작이다.

– **바트망 수트뉘** battement soutenu

'잡아당기다'라는 뜻으로 열려 있는 다리가 기둥 다리를 향해 5번 자세로 지속적으로 끌어당기듯 들어오는 동작이다.

– **바트망 탕뒤** battement tendu

'쭉 펴는'이란 뜻으로 움직이는 다리를 앞, 옆, 뒤 방향으로 팽팽하게 쭉 펴는 동작이다. 이때 발바닥 전체가 바닥에서 미끄러지듯이 나가고 들어오도록 한다.

– **바트망 탕뒤 주테 피케** battement tendu jeté pique

'찌르는'이란 뜻으로 다리를 찬 후 발끝이 아주 빠르고 짧게 바닥을 치고 올라오는 동작이다.

– **바트망 퐁뒤** battement fondu

'녹아내리는'이란 뜻의 느리고 부드러운 성격의 동작으로, 한 다리를 쿠드피에(cou-du-pied)하며 플리에(plié)로 내려갔다가 앞이나 옆, 뒤 방향으로 다리를 펴는 동작이다.

- **바트망 프라페** battement frappé

'두드리거나 때리다'라는 뜻으로 움직이는 다리가 기둥 다리의 발목을 세게 때리면서 날카롭게 나가는 동작이다.

- **쉬르 르 쿠드피에** sur le cou-de-pied

'발목 위를 감싸다'라는 뜻으로 한 발이 반대편 발의 발목 위를 감싸는 동작이며, 기본적으로 앞, 뒤 쿠드피에가 있다.

- **파세 파 테르** passé par terre

'지나가다', '통과하다'라는 뜻으로 발바닥 전체로 바닥을 밀며 다리를 앞, 뒤로 이동하는 동작이다.

- **프티 바트망 쉬르 르 쿠드피에** petit battement sur le cou-de-pied

프티는 '작은'이란 뜻으로 다리를 반만 열어가며 앞, 뒤 쿠드피에를 일정하게 번갈아가며 하는 동작이다.

- **플리에** plié

'굽힌다'는 뜻으로 무릎을 구부리는 동작이다. 발레에서 가장 기본이 되는 동작으로 정지 없이 일정하게 내려갔다가 올라오도록 한다. 플리에의 종류로는 무릎을 반만 굽히는 드미 플리에(demi-plié)와 완전히 굽히는 그랑 플리에(grand-plié)가 있다.

- **플릭–플락** flic-flac

허벅지는 고정된 상태에서 발끝으로만 바닥을 쓱-싹 두 번 쓰는 동작이다.

이는 몸의 조정력과 등의 힘을 길러주며 회전과 함께 훈련하기도 한다.

■ 센터 워크(center work) 동작

발레 연습 시 센터에서 수행하는 동작의 용어이다.

– 발롱 ballon

'뛰어오르다'라는 뜻으로 무용가들이 뛰어오르는 모습을 일컫는 용어이다. 무용가들은 공중에 가볍게 뛰어오르고 부드럽고 편안하게 착지하도록 한다.

– 샹주망 드 피에 changement de pieds

5번 자세에서 다리를 오른발, 왼발로 바꾸며 공중으로 뛰는 동작이다.

– 스몰 포즈와 빅 포즈 small pose, big pose

팔의 높낮이에 따라 구분된다. 스몰 포즈는 팔이 내려왔을 때, 빅 포즈는 한 팔이 앙 오로 올라갔을 때 포즈를 말한다.

– 시손느 sissonne

아상블레(assemblé)와는 반대로 점프해서 올라갈 때는 두 다리가 5번 자세에서 같이 올라가고, 착지할 때는 다리가 따로 내려와서 5번으로 모으는 동작이다.

– 시손느 우베르트 sissonne ouvert

'열린', '펼쳐진'이란 뜻으로 제자리 우베르트와 이동하는 우베르트가 있다.

제자리 우베르트는 5번 자세에서 두 다리가 동시에 점프해 한 다리가 쿠드 피에를 거쳐 열리며 한 다리로 착지하는 동작이고, 이동하는 우베르트는 점프해서 앞, 옆, 뒤로 이동한 후 한 다리로 착지하는 동작이다.

– **시손느 페르메** sissonne fermée

'힘껏', '꼿꼿한'이란 뜻으로 위로 힘 있게 뛰면서 두 다리를 동시에 열며 이동하고 두 다리를 동시에 닫으며 착지하는 동작이다.

– **아다지오** adagio

발레의 모든 포즈, 를르베, 데벨로페, 아라베스크, 롱드 장브 등의 다양한 동작들을 조합해 부드럽고 느리게 추는 대표적인 센터 워크 동작이다. 표현력을 기를 수 있는 동작들로 구성하며, 스몰 포즈에서 빅 포즈들을 사용해 난이도를 높여가며 훈련한다.

– **아라베스크** arabesques

발레에서 자주 사용되는 동작으로, 한 다리는 서고 다른 다리는 몸의 뒤쪽 방향 직각으로 뻗어 올리는 동작이다. 몸의 방향이나 팔의 방향에 따라 다양한 아라베스크가 있고 그마다 성격이나 표현력이 다르다.

– **아티튜드** attitude

한 다리는 곧게 서고 다른 쪽 다리는 무릎을 살짝 구부려서 드는 동작을 말한다. 주로 뒤 아티튜드를 많이 사용하고 크로아제(croisé)와 에파세(effacé) 방향에서 할 수 있다.

- 앙트르샤 카트르 entrechat quatre

5번 자세에서 점프한 후 공중에서 두 다리를 열어 허벅지를 교차해 두 번 다리를 바꾼 후 같은 다리 자세로 착지하는 동작이다. 공중에서 다리를 교차하는 횟수에 따라 앙트르샤 시스(6회), 앙트르샤 디스(10회) 등이 있다.

- 에폴망 에카르테 épaulement écarté

'벌어진'이란 뜻으로 상체가 살짝 기울어진 포즈를 말한다. 에카르테 방향에서는 다리를 옆으로 열 수 있다.

- 에폴망 에파세 épaulement effacé

정면을 기준으로 어깨와 다리 5번 자세가 열린 포즈를 말한다. 에파세 방향에서는 다리를 앞, 뒤로 열 수 있다.

- 에폴망 크로와제 épaulement croisée

에폴망은 어깨 방향을 의미하며, 에폴망 크로와제는 정면을 기준으로 어깨와 다리의 5번 자세가 교차된 포즈를 말한다. 크로와제 방향에서는 다리를 앞, 뒤로 열 수 있다.

- 탕 르베 temps levé

두 다리로 뛰어서 두 다리로 착지하는 동작이다. 발 1번, 2번, 5번 자세에서 가능하다.

- 탕 리에 temp lie

'부드럽게', '지속적으로' 움직이는 동작으로 가장 간단한 춤추는 성격의 동작이다. 다리는 앞-옆, 뒤-옆으로 이동하며 무게 중심은 정확히 한 발에서 다른 발로 이동하도록 한다. 탕 리에 할 때는 팔과 상체도 함께 끊임없이 움직이도록 한다.

– **투르 렁** tour lent

투르는 '돌다', 렁은 '천천히'란 뜻으로 뒤꿈치를 조금씩 밀어가며 한 포즈를 유지하며 천천히 도는 동작이다. 이때 상체는 움직이지 않은 상태에서 정지 없이 진행하도록 한다.

– **투르 앙 레르** tour en l'air

5번 자세에서 플리에(plié)한 후 정확하게 위로 높이 뛰어서 회전을 하며 공중에서 다리를 바꾼 후 다시 5번 자세로 착지하는 동작이다. 주로 남자 무용가들이 한다.

– **투르 트리 부숑** tour trie-bouchon

높은 파세(passé)를 사용해 한 다리로 도는 동작이다. 동작은 5번 자세 플리에 후 파세로 올라가면서 파세한 다리를 외향(turn-out)시키고 두 팔을 앙오로 재빠르게 모으며 시선과 함께 돈다.

– **파 글리사드** pas glissade

'미끄러운'이란 뜻으로 발 5번 자세 플리에 상태에서 한 다리를 옆으로 차면서 뛰어 이동한 후 착지할 때 반대편 다리를 5번 자세로 끌어오면서 두 발이 거의 동시에 끝나도록 하는 동작이다.

- 파 드 바스크 pas de basque

바스크의 민속 동작을 발레 동작으로 변형시킨 것이다. 크로아제 앞으로 다리를 열고 옆으로 드미 롱 드하며 살짝 뛴 후 무게 중심을 이동해 다른 쪽 다리가 1번 자세를 지나 앞으로 보내면서 두 다리를 모아 앞으로 이동하며 착지하는 동작이다.

- 파 드 부레 pas de bourrée

한 다리에서 다른 쪽 다리로 무게 중심을 옮기는 동작으로, 이동할 때 쿠드 피에를 거쳐서 가도록 한다. 주로 발레 동작들 사이를 연결해주거나 이동할 때 사용되는 동작이며 나중에는 회전과 함께 훈련한다.

- 파 드 샤 pas de chat

'고양이'를 뜻하는 것으로 고양이와 같은 점프 동작을 말한다. 주로 여자 무용가들이 하는 동작으로 다리를 앞으로 차면서 옆으로 이동하는 것과 뒤로 차는 방법이 있다. 동작의 성격은 사뿐하고 부드럽다.

- 파 발랑세 pas balancé

'흔들리다'라는 뜻으로 한 다리에서 다른 쪽 다리로 무게 중심을 이동하며 움직이는 동작이다. 3/4박자를 사용하고 옆에서 옆으로, 또는 앞에서 뒤로 움직이는데 동선은 직선이나 사선, 원형을 그리며 이동할 수 있다.

- 파 발로네 pas ballonné

'부푼', '팽창한'이란 뜻으로 풍선과 같이 탄력 있는 점프 동작을 말한다. 동작은 5번 자세에서 한 다리를 45도로 강하게 차면서 뛴 후 플리에로 착지할 때 찬 다리를 쿠드피에로 가져오도록 한다.

– 파 브리제 pas brisé

'부서진', '깨진'이란 뜻으로 두 다리를 교차하며 앞이나 뒤 또는 원을 그리며 뛰는 동작이다. 찬 다리 쪽으로 기둥 다리가 따라 올라가며 교차한 후 동시에 떨어지고 항상 상체를 함께 사용한다.

– 파 샤세 pas chassé

한 다리에서 다른 쪽 다리로 미끄러지듯이 추월해 이동하며 착지한 발을 움직이는 다리가 따라가는 동작이다.

– 파 아상블레 pas assemblé

'모으다'라는 뜻으로 발 5번 자세 플리에 상태에서 뒷다리 발바닥을 옆으로 밀면서 찬 후 공중에 두 발이 뜨자마자 열려 있는 다리가 기둥 다리 쪽으로 모아져서 5번 자세로 착지하는 동작이다. 이 동작은 올라갈 때는 다리가 따로 올라가고 착지할 때는 붙여서 같이 내려오는 동작이다.

– 파 앙브와테 pas emboite

'끼워 맞추다', '꼭 맞다'라는 뜻으로 앞 아티튜드 자세가 공중에서 오른발, 왼발을 번갈아가며 차면서 이동하는 동작이다.

– 파 에샤페 pas échappé

'벗어나다'라는 뜻으로 두 다리를 공중으로 높이 모아 뛰고 2번 자세로 다리를 벌려 플리에 착지를 한 후 그대로 다시 뛰어서 5번 자세로 모으며 착지하는 동작이다.

– 파 주테 pas jeté

5번 자세에서 뒷발 발바닥으로 바닥을 힘차게 옆으로 차면서 뛴 후 찼던 다리를 정확히 기둥다리 있는 쪽으로 가져오고 다른 쪽 다리는 드 쿠드피에로 착지하는 동작이다.

– 파 카브리올 pas cabriole

공중으로 한 다리를 열고 뛰면서 기둥 다리가 열린 쪽 다리로 쭉 펴진 상태로 붙었다가 착지하는 동작이다. 카브리올은 허벅지가 겹쳐지고 기둥 다리가 열려 있는 다리를 치고 올라가는 힘으로 더 높이 뛰도록 하는 동작이다.

– 파 쿠뤼 pas couru

앞이나 뒤로 살짝 뛰면서 달리는 동작으로 스텝은 다리를 살짝 앞으로 던지듯이 간다. 뒤로 갈 경우에는 상체를 뒤로 살짝 넘긴 상태로 이동한다.

– 피루에트 드미 푸앙트 pirouette on demi-pointe

몸을 회전시키는 동작으로 다양한 종류가 있다. 이 중 5번 자세에서의 피루에트는 플리에 상태에서 한 다리가 나가면 뒷다리가 바로 5번에 붙여서 두 다리가 동시에 드미 푸앙트가 되어서 도는 동작이다. 이때 시선은 목적지에 남긴 후에 팔을 한 번에 모으면서 동시에 돈다.

– 피루에트를 2번, 4번, 5번 자세 pirouette from Ⅱ, Ⅳ, Ⅴ position

발의 2번, 4번, 5번 자세에서 준비하고 한 다리로 도는 동작을 말한다. 어떤 자세에서 피루에트를 하더라도 두 어깨, 골반은 나란히 하고 시선은 항상 남겨뒀다가 몸통과 함께 재빠르게 돌아야 한다. 또한 파세와 동시에 두 팔을 모아주어야 한다.

■ 발레 용어

발레를 이해하는 데 꼭 필요한 용어들이다.

– 그랑 파 드 듀 grand pas de deux

마리우스 프티파가 발달시킨 고전 발레에서 남녀 2인무를 말하는 용어이다. 그랑 파 드 듀는 남녀의 2인무 아다지오로 시작해 각자의 기량을 보여주는 솔로 바리에이션 그리고 2인무 마지막으로 코다 순서로 구성되어 있다.

– 당쇠르 노블 danseur noble

클래식 발레에서 왕자(王子)와 귀족 등의 역을 연기하는 남성 제1 무용가를 말한다.

– 디베르티스망 divertissement

기분풀이나 여흥(餘興)을 뜻하는 말로서 작품의 줄거리와 관계없이 하나의 볼 만한 장면을 삽입하는 연회(宴會) 형식의 춤이다. 이는 주로 솔리스트의 기량을 과시하고 관객의 재미를 돋우는 것을 목적으로 한다.

– 레베랑스 révérence

공연 후 무용가들이 관중들을 향해 무릎과 상체를 굽혀서 하는 인사로 여러 형태가 있다.

– 마임 mime

밈이라고도 한다. 발레 작품 중에서 몸짓으로 줄거리를 전개해 나가는 것을 말하며 많은 약속이 있다.

– 바리에이션 variation

주로 무용가들의 기술적인 재능을 보여주기 위한 목적으로 안무한 솔로 형태의 무용이다.

– 발레리나, 발레리노 ballerina, ballerino

원래는 주역을 맡는 여성 무용가를 말하지만 최근에는 여성 무용가 전체를 가리키는 데 사용하고 있다. 발레리노는 남자 무용가를 칭하는 용어이다.

– 발레 마스터 ballet master

프랑스어로는 메트르 드 발레(maître de ballet)라고 한다. 원래는 안무도 담당했으나 현재는 발레단 단원의 훈련과 상연 작품의 리허설을 관장하는 지도자를 일컫는 용어이다.

– 발레토메인 balletomane

발레광 혹은 발레마니아를 뜻하며 발레 공연을 정기적으로 관람해서 발레 무용가들의 기량이나 개성을 잘 파악하고 있는 사람을 말한다. 이들은 다른 예술보다 발레에 특별히 애정을 가지고 있는 사람들이다.

- **아다지오** adagio

느린 속도의 발레 동작을 통틀어서 말하는 용어이다. 이탈리어인 adagiare에서 파생되어 '편안하게', '편안한 상태'라는 의미이고 음악에서 쓰는 용어이기도 하다.

- **알레그로** allegro

발레 동작에서 생기있고 경쾌하며 빠른 움직임들을 말한다. 특히 점프나 회전 동작들이 알레그로의 형태이다. 음악에서 빠른 악장이라 뜻으로 사용하는 용어이기도 하다.

- **앙센망** enchaînement

'연속'이나 '연쇄'라는 뜻으로 일련의 동작들을 연결해주는 스텝들의 결합을 말한다.

- **에투알** étoile

별(스타)이라는 뜻으로 인기 무용가를 가리킨다. 주로 프랑스에서 쓰인다.

- **카락테르** caractère

클래식 발레에서 추는 민속 무용이나 직업과 연관된 춤을 말하며, 그 무용가를 당쇠르(여성은 당쇠즈) 드 카락테르라 한다.

- **캐릭터 댄스** dance de caractère

클래식 발레에서 마주르카나 폴로네즈와 같은 민속춤이나 특정 인물의 특징을 표현하는 춤의 형태이다. 캐릭터 댄스를 추는 무용가를 당쇠르(여성은 당쇠즈) 드 카락테르라 한다.

- 코다 coda

그랑 파 드 듀에서 남녀 무용가의 화려한 끝 부분을 장식하는 군무 부분을 말한다.

- 코르 드 발레 cords de ballet

솔로가 아닌 군무만 추는 무용가, 혹은 군무 그 자체를 말한다.

- 토 댄스 toe dance

여성 무용가가 발끝으로 서서 추는 발레 특유의 기법으로 프랑스어로는 쉬르 레 푸앙트(sur les pointes)라고 한다.

- 튜튜 tutu

발레리나들이 입는 발레 의상으로 긴 스커트 모양의 로맨틱 튜튜와 옆으로 쫙 펴져 다리 전체를 드러내는 짧은 클래식 튜튜가 있다. 튜튜는 〈라 실피드(La Sylphide)〉에서 탈리오니(Marie Taglioni)가 입은 무릎 아래의 스커트가 유행하면서 발레리나들의 대표적인 의상이 되었다.

- 파 pas

중심이 이동하는 하나의 움직임을 말한다. 미끄러지는 파, 뛰는 파, 회전하는 파 등이 있다.

– 파 드 카트르 pas de quatre

4인무를 의미한다.

– 포르 드 브라 port de bras

팔의 움직임 또는 팔의 캐리지(carrige)를 뜻하는 말로 팔과 어깨의 동작을 일컫는다.

– 푸앙트 슈즈 pointes shoes

발끝 부분을 단단하게 만들어서 발끝으로 설 수 있게 만든 발레용 특수 신발을 말한다. 한국에서는 주로 토 슈즈(toe shoes)라고 한다.

| 참고 문헌 |

조기숙(2006). 무용사 연구를 위한 새로운 접근방법에 관한 고찰, 『대한무용학회논문집』 제48호.

_____(2009a). 춤의 새로운 비전을 위한 고찰, 『한국무용기록학회지』 제17호.

_____(2009b). 주체적인 몸 살아 있는 몸: 소메틱에 기반한 안무에 관한 탐구, 『대한무용학회논문집』 제61호.

_____(2010a). 무용창작에서 '새로움'에 대한 철학적 고찰: 미셸 포킨의 발레개혁을 중심으로, 『한국무용기록학회지』 제19호.

_____(2010b). 『춤과 문화』 중 〈춤과 젠더〉. 대한미디어.

조기숙 · 차경천(2011). 일과 춤, 경영과 공연의 상호관계에 대한 고찰: 몸학(somatics)을 중심으로, 『한국무용기록학회지』 제23호.

조기숙 · 한혜주(2009). 마튜 본의 백조의 호수에 관한 연구, 『대한무용학회논문집』 제61호.

조정희 · 조기숙(2012). '춤추는 몸'의 인식에 관한 탐구, 『한국무용기록학회지』 제24호.

최현석(2009). 『인간의 모든 감각』. 파주: 서해문집.

Adshead-Lansdale, J. & Layson, J.(1994). *Dance history*. London: Routledge.

Banes, S.(1998). *Dancing Women: Female Bodies on Stage.* 『춤추는 여성』 (2012). 김수인 · 김현정 옮김. 성균관대학교출판부.

Blasis, C.(1980). *An Elementary Treatise Upon Theory and Practice of the Art of Dancing.* Mary Stewart Evants.

Clarke, M. & Crisp, C.(1992). *Ballet.* Hamich Hamilton.

Mayes, J.(2007). *Performing the Dreams of Your Body.* Wimborne, England: Archive Publishing.

Koegler, H.(1987). *The Concise Oxford Dictionary of Ballet.* Oxford University Press.

Scholl, T.(1994). *From Petipa to Balanchine.* London and New York: Routledge.

인터넷 자료

https://en.wikipedia.org/wiki/Ballet 〔접속일: 2016/9/20〕

| 찾아보기 |

사진

동작 모델: 강현숙(전 유니버셜발레단 단원, 이대 무용과 석사)
사진감독: 조정희(전 유니버셜발레단 주역 무용가, 이대 무용과 박사)
사진작가: 최성복
공연 사진 제공: 조기숙 뉴발레단

날고 싶은 인간의 욕망, 발레

펴낸날 1판 1쇄 2017년 4월 28일
2쇄 2018년 3월 19일
지은이 조기숙
펴낸이 권은미
펴낸곳 이화여자대학교출판문화원
주소 서울특별시 서대문구 이화여대길 52(우03760)
등록 1954년 7월 6일 제9-61호
전화 02) 3277-2965(편집), 362-6076(마케팅)
팩스 02) 312-4312
전자우편 press@ewha.ac.kr
홈페이지 www.ewhapress.com
디자인 정혜진
찍은곳 한영문화사

ISBN 979-11-5890-221-6 94680
979-11-5890-153-0 (세트)
값 19,000원

* 잘못된 책은 바꾸어 드립니다.

이 도서의 국립중앙도서관 출판예정도서목록(CIP)은 서지정보유통지원시스템 홈페이지 (http://seoji.nl.go.kr)와 국가자료공동목록시스템(http://www.nl.go.kr/kolisnet)에서 이용하실 수 있습니다. (CIP제어번호 : CIP2017009376)